做好妈妈
女人最有价值的投资

米雪儿 ◎ 编著

中国商业出版社

图书在版编目（CIP）数据

好好做妈妈：女人最有价值的投资 / 米雪儿 编著. —北京：中国商业出版社，2013.9

ISBN 978-7-5044-8194-8

Ⅰ. ①好… Ⅱ. ①米… Ⅲ. ①家庭教育 Ⅳ. ① G78

中国版本图书馆 CIP 数据核字（2013）第 172530 号

责任编辑：刘毕林

中国商业出版社出版发行
010-63180647　www.c-cbook.com
(100053　北京广安门内报国寺 1 号)
新华书店总店北京发行所经销
香河县宏润印刷有限公司印刷
*
710×1000 毫米　16 开　16 印张　220 千字
2014 年 1 月第 1 版　2014 年 1 月第 1 次印刷
定价：32.00 元
* * * *
（如有印装质量问题可更换）

前言 preface

一位农夫得到一块玉,他想把这块玉雕成一件精美的作品,于是他便用手中的锄头雕琢起来。很快,这块玉变成了更小的玉,而它们的形状始终像石头,并且越来越失去价值。

每一个妈妈也得到了一块玉——可爱的孩子——多年后的结果却是,一些人得到了令人满意的"作品",一些人眼睁睁着"玉石"的变化越来越失望。

那么,这二者的区别在哪里呢?

这就是好妈妈与"坏"妈妈的区别。当然,相信没有一个妈妈是从心底里愿意做一个"坏妈妈"的,然而,想要做个好妈妈,又谈何容易?一个小小的孩子喊你"妈妈",不是你轻飘飘答应一声那么容易的事。尽管每个女人都有母性情怀,但在做妈妈这件事情上,只有不断完善自己的育儿知识和教育方式,不断在时间、精力和心思上付出更多,才能真正成为一个好妈妈,得到令人满意的"作品"。

尤其是现代社会,我们有条件让孩子接受更好的教育,因此我们更希望孩子出类拔萃,拥有一个美好的未来,不过,这也给妈妈们提出了更高的要求。遗憾的是，很多妈妈看似爱孩子，却从来不懂得尊重孩子，只注重孩子的成绩，对于做人的基本素质却很少在意；为了让孩子赢在起跑线上，不顾孩子的能力给孩子报很多的培训班，等等。这样教育出来的孩子是不快乐的、呆板的、自私的，甚至素质低下的。

诚然，这样的结果并不是我们想看到的，其实很多妈妈也已经开始意识到这个问题了，很多妈妈也都在不断地学习和求索。其实，好好做妈妈，需要你为了孩子而改变不完美的自己；好好做妈妈，需要你了解孩子的成长密码；好好做妈妈，还需要你打开通往孩子心灵的密码……而这也正是本书的宗旨所在。可以说，本书就是一本关于妈妈的自我修炼书，同时也是一本妈妈与孩子沟通的密码本。最重要的是，当你读完了这本书，会有一个比较清晰的理念框架进入到观念里——遇到各种问题时，你基本上就会明白该如何做了。这才是我们所乐见的。

培养一个好孩子，不仅是对家庭负责，也是对民族发展负责，对未来社会负责。希望这本书能够给每一位妈妈带来一些小小的帮助和启发，尤其是年轻的妈妈们，让我们都好好学学做妈妈吧。

目录 Contents

上篇　做妈妈，你准备好了吗？

一、妈妈意味着什么——整合你的角色

就做一个无微不至的好妈妈　/ 4
妈妈天生是孩子最好的老师　/ 9
与孩子做朋友，这个可以有　/ 16
像心理医生一样进入孩子的内心　/ 22
偶尔让孩子逞逞强，成长看得到　/ 28

二、好妈妈首先要改变自己——检查你的教养方式

推迟早教：婴儿出生三天开始教育就迟了两天　/ 37
生搬硬套：天性不一样，教养大不同　/ 44
州官放火：孩子的成长 99% 来自对妈妈的模仿　/ 49
过分溺爱：惯子如杀子，宠爱需理智　/ 55
棍棒教育：太冷酷，失去温柔母爱　/ 62

三、谁带孩子都不能代替妈妈——母爱不容缺失

　　金水、银水，不如妈妈的奶水　　/ 68

　　"留守儿童"里有没有你的孩子　　/ 76

　　老人带孩子，贪多少失多少　　/ 81

　　"机器"带孩子，靠谱吗　　/ 86

　　金钱的温度代替不了妈妈的温度　　/ 91

中篇　如何做一个新时代的妈妈？

一、妈妈不是孩子的全职保姆——走出爱的误区

　　藏起一半的爱，孩子才能自立起来　　/ 99

　　与"无私的母爱"唱唱反调　　/ 105

　　孩子的前途用不着你来规划　　/ 110

　　孩子的隐私 VS 妈妈的监控　　/ 117

二、没有什么工作比做妈妈更有价值——忙碌不是借口

　　职场妈妈育儿错误，看你犯了几条　　/ 124

　　帮职场妈妈玩转时间"魔法"　　/ 132

　　做 SOHO 妈妈，工作育儿两不误　　/ 141

三、别让你的无知耽误了孩子——潮妈的教子新方

你的情商决定孩子的一生 / 146

孩子的 BQ 训练,你做过吗 / 152

"性",让你难以启齿了吗 / 158

孩子各种"不可爱",妈妈各种妙招来 / 166

孩子与网络,并非不可调和 / 173

下篇 好好做妈妈,伴孩子健康成长

一、学习应该像呼吸一样自然——让孩子爱上学习

妈妈需要转变观念:玩耍就是学习 / 181

学习兴趣是孩子学习的源动力 / 186

孩子厌倦学习,有你的责任 / 191

二、变腐朽为神奇的魔法——给孩子一个好性格

乐观,让孩子成为"万人迷" / 198

在孩子心里种下诚实与正直的种子 / 203

可贵的勇气,培养孩子过人的胆识 / 210

孩子的责任感从何而来 / 216

三、不要让你的孩子成为穷人——财商教育不可少

财富观：节俭的观念永不过时 / 224
理财意识：只有先"会花钱"，才会赚钱 / 229
理财习惯：让孩子学会储蓄 / 235

附 录 100条教子箴言，给想好好做妈妈的你 / 241

《《《 上篇
做妈妈，你准备好了吗？

HAO HAO ZUOMAMA

如果要问你学会的第一首歌是什么，相信很多人都会回答：《世上只有妈妈好》。妈妈，在孩子的生活中是一个分量很重的角色。她可以是孩子良好习惯的塑造者、高贵品质的养成者、优秀人格的缔造者，也可能是它们的破坏者。

如果有一天你也要做妈妈或者正在做一个妈妈，面对培养孩子这个艰巨而伟大的任务，你准备好了吗？

一、妈妈意味着什么——整合你的角色

角色，不仅仅存在于舞台上和电影里，现实生活中，我们每个人也都在扮演着不同的角色。美国著名心理学家欧文·戈夫曼，曾经作过一个生动形象的比喻："真实生活情境和舞台上戏剧情境之间有相似之处，每个组织中的人们都要扮演一定的角色，许多相互作用的因素，帮助人们明确地决定每个角色接受哪一种'表演'。"也就是说，社会角色是有一定规范性的，它使人们的表现对于他人来说，好像是一本打开的书籍，可以使他人借此了解这个人的角色动机、角色情绪及个性特征，并作出相应的反应。如果没有这些规范，人们在面对他人的时候，就容易感到无所适从，而社会机制也无法正常运行。

那么，在家庭教育中，妈妈究竟该担当什么样的角色，该负起怎样的职责呢？

有时，你会觉得自己的角色很单纯，那就是一个要照顾好孩子的身体、关心孩子健康的妈妈；但当孩子出现坏毛病时，你又充当起"老师"的角色，为孩子指引正确的道路；又或者你觉得自己很多时候就像是孩子的一位亲密朋友，分享他的喜怒哀乐；当孩子心情烦躁、情绪激动时，你又以"心理医生"的角色，帮孩子找回好心情，摆脱坏情绪；甚至必要时，你还要甘愿拜孩子为师，并且和他一起投入地分享由此带来的开心和乐趣，而孩子为人师的快乐已经从他的内心完完全全地流露了出来。

……

我相信每个做母亲的人其实都在孩子成长过程中有意无意地扮演着这些角色。

就做一个无微不至的好妈妈

无论你之前对孩子有多少期许，当一个孩子真正降生在面前时，相信所有的妈妈都在想：只要是个健康的孩子就好，其他的都不重要。而事实上，也只有当孩子身体健康时，你的那些期许，如快乐、学识、名利、地位等一切的一切才会有实现的可能。虽然老套，但这句话没错——"身体才是革命的本钱！"而要想给孩子一个好身体，首先就要扮演好一个无微不至的好妈妈角色。

"世上只有妈妈好，有妈的孩子像个宝"，可以说妈妈对孩子的吸引力似乎是天生的，是爸爸不能取代的。对于孩子来说，有妈妈的地方就有温暖和幸福，妈妈给予了他们无微不至的照顾，就像是无处不在的阳光，陪伴着他们茁壮成长。比如，妈妈会耐心地帮助孩子安排好衣食住行，关心孩子的饮食起居；妈妈会给孩子做几道他们爱吃的菜，经常嘘寒问暖……妈妈细腻的情感、缜密的思维，常常能够很好地为孩子解决后顾之忧，让孩子健康快乐的成长。

具体来说，作为"妈妈"这一角色的工作包括：

给孩子吃安全营养的食物

近几年，食品安全事件愈演愈烈：从央视曝光的双汇瘦肉精事件到上海染色馒头事件，从地沟油黑幕到问题血燕的惊天骗局，从进口奶粉频现虫子到美汁源投毒案，费列罗巧克力、雪碧纷纷现虫、注胶虾、水泥核桃粉墨登场……这些食品安全事件一件件罗列下来，我们会惊心地发现身边的食品是如此不安全，存在着众多让人意想不到的隐患。尤其是食品安全事故中的受害者为无辜的孩子时，怎不让关心孩子身心健康的妈妈恐慌呢？

不过，一味害怕于事无补，只有主动去了解食品不安全的因素及真相，增加安全防范意识，学会辨别食物的危险，才能最大程度地避免伤害。例如，在购买食品前了解一些有关的食品知识，在购买时能认清有关标识，学会辨别好坏食品，掌握一些饮食安全的知识，为孩子建立好的生活习惯和饮食习惯等等，就可以放心食用了，大可不必因噎废食。另外，对于食物而言，更多食品是安全的，比如无公害食品、绿色食品、有机食品等，可以作为妈妈们以后的首选食物。

除了要保证食物安全，孩子的饮食还要富含合理的营养，安全是基础，合理营养是核心，两者双管齐下才能保证孩子身体健康地成长。

虽说现在的家庭一般只有一个孩子，妈妈们也都很重视孩子的营养，但是由于缺乏必要的营养指导，导致孩子还是会出现营养问题。不仅影响儿童发育，更是是造成疾病的诱因，因此妈妈们要掌握丰富的膳食营养知识，做孩子的营养师，为孩子提供合理、营养的膳食。

首先，平衡膳食。体内各种营养素均有一定的数量和比例，摄入过多、过少都会引起体内的营养素失调。例如，维生素A过多可以造成肝脏损伤，铁过多可造成血色病等。只有合理的营养才可被机体充分吸收利用，从而才能发挥营养素在体内的最大作用。但是大部分的孩子都有偏食的习惯，有的儿童偏食肉类，有的却偏好蔬菜，有的儿童十分喜好零食，根本不好好吃正餐，这会使机体不能获取足够、合理的营养，久而久之就会影响孩子身体的健康发育。这时，就需要你扮演好妈妈的角色，给孩子提供科学、营养的饮食配餐，包括：主食与副食的平衡，酸碱平衡，荤与素的平衡，杂与精的平衡，饥与饱的平衡；食物冷与热的平衡，干与稀的平衡；食物寒、热、温、凉四性的平衡；动与静的平衡，情绪与食欲的平衡等等。如果儿童饮食能做到这样合理搭配，孩子身体肯定会健康地发育生长。

其次，科学烹调。一般来说，营养素在加工烹调过程中会有较大的变化，不正确的加工或烹饪，都会引起某些营养素的损失，所以，为了孩子的健康，妈妈们一定要学会科学的烹调方法。例如，你要学习了解食物的天然组成成分，了解各种食物在加工过程营养素的变化和损失、或有害物质的形成等，这样才能避免膳食构成的比例失调，才能保证儿童健康生长，促进智力，并增强机体免疫力，从而增加其抵抗疾病的能力。

再次，除了食用的安全性、营养性，食物还应该具备良好的口感。因此，在为孩子准备膳食时，还要兼顾食物色、香、味多样化，以增加孩子的食欲，引起孩子对食物的兴趣。例如，饮食不能太单调，要经常变换食物的品种和制作方法，即使孩子喜欢吃的食物，也不能天天吃，因为这种吃法会使孩子生厌；有的孩子喜欢吃青菜或肉、鱼，可以做成带青菜或肉、鱼的有馅的食品，既照顾了孩子的口味又不能让其随心所欲……总之，不仅要让孩子吃饱，还要让孩子吃得好才能使他从饮食中得到各种营养物质，从而保证他的正常生长发育。

此外，还有更重要的一点是切忌强迫孩子进食。有的孩子食欲不好，吃饭不香，不能采取强制手段，或吓唬威胁等，更不能动手打骂孩子。强制饮食对儿童的机体和个性都是一种压制，不利于儿童身心健康成长。

帮孩子选有益身心的运动

要让自己的孩子身体健康，就必须要注意增强孩子的免疫力，这样有助于提高孩子对于疾病的抵御能力。而增强孩子免疫力的最好方法就是让孩子多运动。

但是，与过去的孩子相比，现在大多数家庭都是独生子女，家中没有同龄玩伴，无形中减少了孩子的活动强度，每天保证一定量的运动似乎也就成了奢侈的一件事情了。作为妈妈，如果你希望你的孩子能够保持较好的身体素质，那么还是要尽量让孩子在忙碌的学习中抽出一些体育锻炼和户外活动的时间。

不过，如果孩子喜静不喜动，千万不要强行给孩子制定运动计划，那最终的结果可能会适得其反。聪明的妈妈应该懂得通过人为引导，让孩子主动爱上运动。下面我们就教授给各位妈妈一些关于这方面的知识，学会了这些知识对于孩子的健康可是大有帮助的。

首先，妈妈们应该帮助孩子寻找自己的玩伴。因为孩子的天性本来就是活泼好动的，有时只是因为自己一个人玩，或总是和大人玩，觉得无趣而不愿多动。而对同龄的小玩伴就不同了，有些如追跑、扔球捡球的运动游戏，大人看起来似乎并不有趣，但小孩子在一起却总是玩得乐不可支。为孩子找一个爱运动的同龄玩伴，那么他（她）在潜移默化中，也会逐渐喜欢运动。

其次，在条件允许的情况下，妈妈可以把爸爸也拉上，全家一起进行一些户外运动。将运动变成一项家庭行动，也可引发孩子的运动兴趣，例如，假期带孩子郊游、爬山，亲近大自然；晚饭后带孩子散步、到社区的体育场所锻炼；睡前做十分钟的母子体操等等，不仅可以给孩子带来身体健康效应，而且还能借此增进大人和孩子之间的感情，可谓是一举多得。

培养孩子自己的健康意识

其实所谓的健康，不应该是从外界寻找到的，而应是自己衍生出来的，可以说比健康更优先的是健康意识。因此，培养孩子内心里的健康意识，这才是妈妈给孩子的最大财富！

但这绝不是一件容易的事情，因为成人可以靠自己的努力，寻找健康生活的方法并乐在其中。可是小孩子就不同了，小孩子从不会考虑健康问题，更看不到若干年后身体可能发生的状况。

要想培养起孩子的健康意识，就要先让他们知道是什么带给了他们很愉快的感觉。如果可以自己体验健康带来的快乐，小孩子就会为了重新寻找这种感觉，而自发行动，也会在长大以后为了变得更健康而努力。例如，当你为孩子准备食物的时候，可以诱导他们从健康的角度思考些问题。比方说今天的菜里有小鱼干，你可以告诉他："宝贝，当你蹦蹦跳跳的时候，是不是最快乐？你可以这么蹦蹦跳跳，这都是因为小鱼干让你的骨骼变得更强壮的关系。"睡觉的时候，你也可以说："宝贝，早上一睁开眼睛就很精神，感觉睡得足足的，那种感觉很棒吧？要想有那种感觉，就应该早点上床睡觉。"当他们离开你的怀抱，展开自己的人生时，相信从小开始培养的养生意识，应该会给他们很大的帮助。

如果能够在这三个方面给孩子创造一定的条件，那么就很有可能为孩子的身体素质奠定一个比较良好的基础，而你所扮演的妈妈的角色也一定是一个成功的角色了。

★育儿小贴士

碱性食物养出聪明宝宝

我们日常摄取的食物可大致分为酸性食物和碱性食物。研究证实，人体血液呈碱性时，记忆力在最佳状态。如果呈酸性，注意力不容易集中，还会引发健康问题。因此，最好我们能够养成经常检查平时饮食是否偏酸的习惯，避免过多摄入酸性食物。这样做有利于孩子智力的发育。

那么什么是碱性食物呢？

千万不要以为吃起来酸酸的食物就是酸性的，吃起来涩涩的食物就是碱性的。其实，食物的酸碱性不是用简单的味觉来判定的，而是指食物中的无机盐属于酸性还是属于碱性。一般来说，好吃的东西几乎都是酸性的,如:鱼、肉、米饭、酒、砂糖等,全都是酸性食物,相反,碱性食物如海带、蔬菜、白萝卜、豆腐等多半是不易引起食欲但却对身体有益的食物。另外,我们也可以参考食物中的钙、磷的含量来判断食物的酸碱度,钙质多的就是碱性食物,磷质多的就是酸性食物。

下面列举几种常见的碱性食物和酸性食物,供妈妈们参考:

碱性食物主要有:

1. 蔬菜、水果类;
2. 海藻类;
3. 坚果类;
4. 发过芽的谷类、豆类。

酸性食物主要有:

1. 淀粉类;
2. 动物性食物;
3. 甜食;
4. 精制加工食品(如白面包等);
5. 油炸食物或奶油类;
6. 豆类(如花生等)。

妈妈天生是孩子最好的老师

我们常说:"父母是孩子的第一任老师"。其实,这说出了父母所扮演的一个重要角色——老师。而作为与孩子朝夕相处时间最长的妈妈,自然应该首当其冲扮演好这一角色。

"师者，传道授业解惑者也。"当然，与其说妈妈是帮孩子解惑，不如说是"引导"更为恰当，因为引导更为重要。事实上，妈妈扮演的角色比孩子上学后老师的角色更为复杂，相处模式也更为密切，妈妈对孩子的教育，贯穿到生活的方方面面，既在思想上引导宝宝，也在行为上影响宝宝，是宝宝最直接、最全面的老师。

不过，说到这里，估计会有很多妈妈都会苦恼：怎么给孩子当好老师呢？

首先，孩子是妈妈的影子，妈妈要为孩子树个好榜样

其实，从孩子出生之日起，不管你有没有意识到，你都在担任着孩子合格或者不合格的老师。

因为对于绝大多数孩子来讲，他们的婴幼儿期都是和妈妈生活在一起的。而在婴幼儿时期，孩子的世界观、人生观和价值观都处于一个萌芽的阶段。这个时候，与孩子几乎是朝夕相处地生活在一起的妈妈的一言一行都会直接影响到孩子的世界观、人生观和价值观的形成。有时候，也许是妈妈的无意识的动作或者情绪，在孩子那里则会产生剧烈的"化学变化"，从而直接影响到孩子的行为和心理的变化和发展。所以，作为妈妈，你要做的第一个准备就是要注意自己的言行，要从各方面的生活细节给孩子树立一个良好的榜样。

下面这个妈妈做得就不太好：

炎炎的妈妈对炎炎的教育是很"严格"的：放学后不许下楼玩，作业做不完不许看电视，不许打电子游戏，如果违反就给予严厉的惩罚，不是打就是骂。可是在这种严厉的"教育"下，炎炎还是经常不听话。这是为什么呢？

原来，炎炎的妈妈自己整天沉迷于麻将之中，忽视了对孩子的"身教"。有一次，妈妈在"连续作战"后，带着睡意回到家里，可她发现儿子正和几个"小哥们"打扑克，顿时火冒三丈，动手就打。炎炎一边哭一边喊:"我作业写完了,为什么你能玩麻将,我就不能打扑克?"一句话问得妈妈哑口无言。

人们都说孩子是妈妈的影子,有什么样的妈妈就有什么样的孩子,现在看来的确如此——打麻将的妈妈就能教育出打扑克的孩子!不过相反,如果妈妈经常专心地看书,孩子看到妈妈这样,自己也会静下心来,踏踏实实地学习。还比如,妈妈平时对孩子的爷爷奶奶倒茶、递拖鞋,关心体贴,孩子也会学妈妈的样去孝敬老人。再有,有些妈妈自身性格比较内向或冷淡,不太乐于与人交往,这些性格特点会影响孩子,使得孩子也不乐于与人交往,但是如果妈妈平时尽力克服自己性格上的不足,和孩子一起外出时,有意识地表现出良好的交往方式,如热情友好地和邻居、朋友打招呼,那么,这对点燃孩子与人交往的热情也是十分有利的。

不管是在哪方面,如果你是明智的妈妈,就应该以身作则,给孩子做出好榜样。要知道,好妈妈本身就是一所好学校,虽然看不到围墙,听不到书声,但妈妈的一言一行、一举一动都会在孩子的心灵深处埋下种子,对孩子的未来产生重大而深远的影响。让我们以苏联教育家苏霍姆林斯基的话来共勉吧:"妈妈对自己的要求,妈妈对自己家庭的尊敬,妈妈对自己一举一动的检点,这是首要的和最基本的教育方法。"

其次,细心的通过点点滴滴教给孩子各种知识

相比从书本上读到的知识,其实现实生活中的言传身教才更加让孩子受用,而这些生活经验的累积则要靠细心的妈妈从生活点滴中慢慢传授给孩子。

一天,小宝感冒了,可他一点也不喜欢吃药打针。

过了一会儿,细心的妈妈发现,小宝正美慕地望着窗外小朋友们高兴地玩耍呢。于是,妈妈告诉小宝,如果起来吃药的话,第二天就可以出去和小朋友一起玩了。这下,小宝反而积极地配合妈妈找到了感冒药。在此期间,妈妈告诉小宝感冒药的名字,并且重复读了几遍,还告诉小宝上面有小娃娃图像的是小宝喝的药,没有小娃娃图像的是大人喝的药。如此教导下,小宝很快就已经可以自己分辨出属于自己的小药方了。

不过,小宝因为急着喝药,准备拿起桌上的红茶饮料送药。妈妈看到了急忙叫停。小宝疑惑地问妈妈:"妈妈我拿错药了吗?"妈妈摇摇头,告诉小宝喝药的时候要用温水服用,这样才能让药效发挥得更好,药丸战士们才能更好地使用自己的装备和坏病毒打仗!

小宝恍然大悟,点了点头,然后放下红茶饮料,自己去倒温开水喝药了。

其实,优秀的孩子就是在这点点滴滴的生活中被造就出来的。妈妈在自己的举手投足中就可以让孩子了解到一些生活的常识,可是有的妈妈忽略了这些点滴教育的好时机,这是非常令人遗憾的事情。

其实,生活就像一个大课堂,妈妈可以抓住生活中的任意事情对孩子进行各种形式的教育。例如:在孩子生日时,你在为孩子准备生日礼物和美味饭菜的同时,还应该不忘给孩子一份生日赠言。可以是书面的,也可是口头的,主要说一些激励孩子的话语,使孩子明白一些做人的道理,同时也让孩子明白她的生日也是母亲的受难日;就餐时,你可以对孩子进行珍惜粮食、菜肴的教育,教孩子背诵"锄禾日当午,汗滴禾下土,谁知盘中餐,粒粒皆辛苦。"使孩子们懂得饭菜来之不易的道理,同时还可以教孩子在餐桌上学会礼貌和谦让;妈妈还可利用家庭聚会的机会,培养孩子讲文明、懂礼貌、待人热情大方的交际素质;出外旅游时,给孩子讲解名胜古迹来历或故事的同时,有意识地培养孩子热爱祖国的大好河山的思想感情,教育孩子不要攀折花枝、乱涂乱写，不要用石块儿或脏物投掷动物、不要随地乱丢瓜皮果壳；做家务时，培养孩子养成爱劳动的良好习惯，可从洗手帕、洗袜子、铺床、叠被、扫地、倒垃圾等入手，然后随年龄的增长而加大劳动量；和长辈相处时，要教育孩子孝敬老人，主动给老人端茶倒水，吃饭时要让老人先动筷子，遇事不和老人顶嘴；等等。总之，你要记住，教育和培养孩子需要一个相当艰难、复杂、漫长的阶段，然后通过这个阶段不断地总结出经验教训，采取措施，这可能成功，也可能失败。但只要你不断努力，不断地付出心血与代价，正确地对待每一件事情，就会有好的结果。

再次，教育不是无师自通的，多学育儿方法没坏处

现在仍然有很多妈妈认为，教育孩子是非常自然而且是无师自通的事情，在学习育儿方面进行投资是没有必要的，因为有很多从父辈那儿传承下来的经验可以应用。因此，在教育孩子方面，这些妈妈从来不会去参加什么"家长课堂"，也从来不去翻阅有关家庭教育的书籍。殊不知，"教育无师自通"这种观点，往往伤害孩子于无形之中，妈妈们一定要警惕。

美国一位著名心理学家就曾经进行过这方面的研究。

他在全美同时选出50位成功人士和50位有犯罪记录的人，分别去信给他们，请他们谈谈母亲对他们的影响。有两封回信给他的印象最深。巧的是他们谈的都是同一件事：小时候母亲给他们分苹果。

一封来自监狱的一位服刑犯人，他在信中这样写道：小时候，有一天妈妈拿来几个苹果，红红的，大小各不同。我一眼就看见中间的一个又红又大，十分喜欢，非常想要。这时，妈妈把苹果放在桌上，问我和弟弟：你们想要哪个？我刚想说想要最大最红的一个，这时弟弟抢先说出我想说的话。妈妈听了，瞪了他一眼，责备他说：好孩子要学会把好东西让给别人，不能总想着自己。于是，我灵机一动，改口说："妈妈，我想要那个最小的，把大的留给弟弟吧。"妈妈听了，非常高兴，在我的脸上亲了一下，并把那个又红又大的苹果奖励给我。我得到了我想要的东西，从此，我学会了说谎。以后，我又学会了打架、偷、抢，为了得到想要得到的东西，我不择手段。直到现在，我被送进监狱。

一封来自白宫一位著名人士，他是这样写的：小时候，有一天妈妈拿来几个苹果，红红的，大小各不同。我和弟弟们都争着要大的，妈妈把那个最大最红的苹果举在手中，对我们说："这个苹果最大最红最好吃，谁都想要得到它。很好，现在，让我们来做个比赛，我把门前的草坪分成三块，你们三人一人一块，负责修剪好，谁干得最快最好，谁就有权得到它！"我们三人比赛除草，结果，我赢了那个最大的苹果。我非常感谢母亲，她让我明白一个最简单也最重要的道理：想要得到最好的，就必须努力争第一。她一直都是这样教育我们，也是这样做的。在我们家里，你想要什么好东西要通过比赛来赢得，这很公平，你想要什么，想要多少，就必须为此付出多少努力和代价！

可以说，推动摇篮的手，就是推动世界的手。作为孩子的第一任教师，你可以教他说第一句谎话，也可以教他做一个诚实的永远努力争第一的人。如果妈妈能够了解更多的育儿知识，更多地和孩子沟通，来了解孩子真正的需求，那么成为一个称职合格的好老师也是指日可待的事情。其中，勤学多看是关键。多学习了解一些理论知识丰富育儿常识，多观察孩子的生活细节，了解孩子的心理变化和生理变化，通过学习观察，让自己慢慢变成一位合格的老师和妈妈。另外，妈妈还在接送孩子的间隙多了解老师对孩子的期望以及老师的一些专业性建议，这样也可及时纠正和引导孩子对待人和事物上的偏见和误解，在谈话沟通中完成对孩子思想的深耕。

★ 育儿小贴士

妈妈应该学习的九大权威家教法

1. 卡尔·威特：全能教育法

卡尔·威特认为，"对子女的教育必须与孩子的智力曙光同时开始"，他确信，只要坚持这样去做，一般的孩子都能成为不平凡的人才。

2. 塞德兹：天才教育法

塞德兹认为在教育上最重要的是，不要胡乱给孩子灌输术语和公式，而要诱导他们自由地发挥出天才潜在的能力。

3. 约翰·洛克：全面教育法

洛克主张要把年轻人培养成有强健身体、有一定知识、有才干、具有优雅态度并善于处理各种事务的绅士。这种教育要从德、智、体三方面着手。

4. 蒙台梭利：特殊教育法

蒙台梭利认为，教育的最终目的，就是追求孩子的行为和思想趋向正常，使教育呈现全面性的秩序化。

5. 斯宾塞：快乐教育法

斯宾塞提出了"逃走教育，快乐教育"的教育理念，强调"对儿童的教育应当遵循心理规律，符合儿童心智发展的自然顺序"。

6. M.S·斯特娜：自然教育法

在斯特娜教育思想中，母亲有着不可替代的作用，在她看来，所有的人都是母亲所生，并在母亲抚育下成长着，所以人类的命运操纵在母亲手中。

7. 铃木镇一：才能教育法

铃木才能教育的方针是："为培养孩子美好的心灵、敏锐的感觉、优良的能力，而让孩子们学拉小提琴即通过小提琴来塑造人。"

8. 多湖辉：实践教育法

多湖辉认为培养孩子最好的方法，就是使父母成为"教育的实践者"。

9. 井深大：早期教育法

井深大认为，"一个人在成年后会变成什么样的人物，在很大程度上是他的幼儿期受母亲'意识'影响的结果。"

与孩子做朋友，这个可以有

在中国传统家教思想的影响下，更多的父母与孩子渐渐形成了管理与被管理、命令与服从的关系，认为孩子就得听父母的，让他们往东就往东，让他们往西就往西。可你要知道，孩子不是机器，他们也是一个平等、有思想的独立个体，他们需要得到尊重与理解。父母应该放下管理者与命令者的权威架子，以一种平等的姿态与孩子交朋友。父母如果能与孩子建立起一种亲密无间的友谊关系，那么孩子有什么事情都会迫不及待地告诉自己的父母，面临选择时第一个想到的也是参考父母的意见。因为在父母那里，他的一切权利和想法都能被理解，都不会被认为是孩子气。

可父母能不能做孩子的朋友呢？

答案是——只要你愿意，就一定可以。尤其是对妈妈来说。

朋友是什么？朋友就是当你悲伤时能借给你肩膀，让你发泄自己的委屈并给予及时的鼓励，永远相信你；朋友就是当你开心的时候能够与他们分享，并提醒他们继续努力，争取更大的成功和喜悦。妈妈，作为和孩子接触最多、关注最多、情感也最深的一方，和孩子之间的情感出自天然,很难割裂。一百个孩子中,几乎有一多半在情感上都会更倾向于自己的妈妈,例如,当孩子出现问题、犯了错误时,如果爸爸严厉批评了孩子,孩子可能会产生逆反心理;而妈妈去说,孩子则不会有那么大的抵触心理,反而会觉得妈妈说得是有道理的。因此,我们说,与爸爸相比,妈妈也更容易与孩子建立起朋友关系。

第一,先让孩子把你当成"自己人"

不管大人还是孩子,我们每个人的内心都或多或少存有潜在的"自我意识",所以大都不愿意受到他人的指使。要打破这一坚强的心理防御堡垒,心理学上有一种"自己人效应"很好使。即在人际交往中,如果双方关系良好,一方就更容易接受另一方的某些观点、立场,甚至对对方提出的难为情的要求,也不太容易拒绝。妈妈们如果可以和孩子像朋友那样交往,充分利用"自己人效应",使自己成为孩子的朋友、贴心人,或者说"自己人",就能使孩子愿意与自己交流,听自己的话,从而使教育目的更容易实现。

要正确地运用"自己人效应",父母首先要寻找和孩子相似的地方。一位妈妈讲述了一件发生在她与孩子之间的事情:

有一天,儿子在客厅里玩时,不小心把我刚买不久的一个花瓶打碎了。我刚想对孩子发火,可看到他那吓坏的样子,比起心疼花瓶我更心疼儿子。于是,我不但没有发脾气,还安慰他说:"没关系,妈妈小时候也有不小心打碎东西的时候,下次小心一点就行了。"听我这样说,孩子的表情由惊恐变为惊奇,最后竟然哭着扑到我怀里。几天之后,就在我都已经忘了这件事的时候,儿子却还记着呢。那天我带孩子出去玩,出门后我问孩子,你想吃什么零食,妈妈去给你买。儿子却说:"妈妈,我什么零食也不吃,你把买零食的钱攒着买个新花瓶吧!"这让我着实感动了很久,同时我也暗自庆幸,庆幸孩子打碎花瓶那天，我没有冲孩子发脾气，并且运用了正确的教育方式。

其实，这个妈妈运用的就是"自己人"效应，她用自己小时候的相同经历，把孩子与自己视为一体，缩短了与孩子的心理距离，使孩子把自己当作"自己人"，当成知心朋友。这样孩子很容易就会接受教育，从而改正自己的行为了。

在现实生活中，这种情况应该说很常见，但遗憾的是，很多妈妈觉得孩子做错事了，批评和惩罚似乎是天经地义的事情，很少会考虑到孩子的心理感受，更没有考虑到这种教育方式是否会对孩子造成伤害，这样也容易和孩子之间形成人为的"代沟"，变得难以沟通。

因此，要正确地运用"自己人效应"，妈妈首先要寻找和孩子相似的地方。孩子有他们对人对事的见解，有他们喜欢的生活方式与兴趣。比如孩子喜欢某位歌星或演员，兴致勃勃地向你讲述偶像的新闻，你就不要以自己的眼光和主观见解去说："真不明白你为什么这样迷他，我可觉得他没什么优点。"这样会让孩子觉得："父母既然不明白我，再说下去也没意思"，从此便不再与父母说他的偶像，转而去寻找与他有共同话题的朋友。其次，妈妈还要走出"父是父，子是子"的误区，抛弃那种居高临下的姿态，要"蹲下身子"与孩子交流，要和颜悦色，避免用命令、训导式的口气和孩子讲话。第三，妈妈还要有良好的个人品质——开朗、坦率、大度、正直、诚实，以及高尚的人格修养，才容易让孩子喜欢你，愿意与你接近。

第二，倾听孩子的内心世界并懂得尊重

做孩子的知心朋友有一个很重要的前提，那就是了解孩子的内心世界、尊重孩子。

那么，如何才能做到这一点呢？那就是让孩子说出自己的心声。因为任何一个人，不管是成人还是孩子，如果他所在的组织给予他发言的机会，他自己便会产生被重视、被关注的心理。因此，给孩子机会，让孩子说出自己的心声，便是家长尊重孩子的一种方法。

佳佳是个上六年级的小姑娘，爱说爱笑，活泼开朗。可最近妈妈发现她经常一个人闷闷不乐，便决定找女儿谈一谈。

这天晚饭后，妈妈拉着佳佳的手，说："我女儿这几天好像很不高兴。走！妈妈带你去公园散散步。"一路上佳佳都是一副欲言又止的样子，妈妈便说："佳佳，你长大了，人长大了都会有心事。我不是说过吗？我虽然是你的妈妈，但也是你最好的朋友。你有什么心事、什么困难都可以和妈妈诉说，妈妈即使帮不了你，也可以为你分担一点啊，对不对？还有人比妈妈更值得你信任吗？"这时，佳佳好像才没有了顾忌，靠着妈妈的肩膀，小声地说："妈妈，我总觉得这件事不太好说。怕您不理解，怕您生气。"妈妈笑了，说："傻孩子，妈妈也是从你这么大长过来的，有什么不理解的？说说看。"

原来是她的同桌杨刚对她表示了好感，她不知道该怎么办。妈妈这时才明白了女儿这些天来情绪不好的原因。接着，妈妈用自己的经历给了女儿一个建议："妈妈建议你和杨刚说清楚，做朋友挺好的，可以互相帮助互相学习。但不能有其他的想法，因为你们还没有真正长大。妈妈相信杨刚能想通的。如果有什么麻烦你可以随时和妈妈沟通，好吗？别难过了。""妈妈，您真好。我开始都不敢和您说呢。"佳佳笑得很释然。

这位妈妈的做法就很科学，她懂得倾听孩子的心声，懂得引导孩子说出自己的心声，把心中的苦水倒出来，这对于孩子来说，是一种很大程度的释放。同时，这一行为也使孩子很明显地感觉到了妈妈对他的尊重。同时，妈妈认真倾听的态度，会让孩子感觉到很受重视、很安全。孩子自然就会把妈妈当作知心朋友了。

那么如何把握倾听孩子的艺术呢?下面几点建议供妈妈们参考:

做出听的姿势:一定要与孩子平视,不可居高临下;不要做出用手捂着嘴巴,两手抱着胳膊,或翻看着书等举动,这些对孩子来说,是一种障碍。

表现出听的兴趣:身体要稍稍向前倾,这是表示有兴趣的姿势;要睁大眼睛看着说话的孩子,很自然地用眼睛来表达你的兴趣和愉悦;在倾听孩子谈话的过程中,用简单的诸如"太好了!""真是这样吗?""我跟你想得一样。""你的想法太好了,请继续说!""我简直不敢相信!"等等话语来表达你的兴趣;保持微笑,并常常做出吃惊的样子。孩子最爱吃惊了,用大人的话是"大惊小怪",他们希望看到大人对自己所说的事情表达出吃惊的表情。能把大人吓住,说明自己很有本事。

不过,更重要的是,家长给了孩子发言的机会之后,更要尊重孩子的心声,尤其是涉及到"隐私"的。

下面这个妈妈的做法就有些不妥了:

秀娟是一个美丽的高一女生,正值豆蔻年华。有一天,她发现一个男孩喜欢上她了。这使她变得无心学习,成绩急剧下降。无奈下,她向妈妈说明了原委。

妈妈由于未经历过这种事,不知如何处理,就告诉了班主任。没想到班主任在班会上对这一现象提出了严厉的批评。

秀娟做梦也没有想到,自己告诉妈妈的悄悄话被班主任老师知道了,并且不点名地批评她。这使她感到无地自容。秀娟很沮丧,虽然摆脱了恋情,但同时心里也暗暗发誓:今后什么心事也不跟妈妈说了。

秀娟的妈妈用意也许是好的,但她的做法却使秀娟感到"被出卖"，也就是暴露了孩子的隐私，给孩子带来了伤害。

总之，爱是相互的，而与孩子做朋友可以促进双方之间爱的升华。当你的给予和奉献得到孩子的回报和理解时，当孩子明白自己也能为父母、家庭承担一份责任时，良好的亲子关系自然就建立起来了。在孩子刚接触这个世界时，他们就体会到了爱与被爱的滋味，将来走进社会也会以一种包容、乐观的心态来面对他人、面对生活。

★育儿小贴士

"斯宾塞纸牌"，你和孩子玩过吗？

什么是"斯宾塞纸牌"？其实就是斯宾塞先生在其教育法中提到的有助于了解孩子内心世界的一种亲子游戏。做法简单，效果非凡，各位妈妈们不妨一试。

事先准备12张纸牌。不过不是一般的纸牌，而是12张事先写好的卡片。你可以在每张卡片上写上一个有助于了解孩子内心世界的问题，比如斯宾塞先生就设计了这样几个问题："讲一讲你最不快乐的事情""讲一件你觉得自己做得最好的事情""评价一个你周围的人""今年你最希望得到什么（只限3个）""你对自己有什么不满意的""哪件事，你努力了，但成效不大""说一说你做的一个梦""生日的时候你最想得到什么礼物"等等，他希望以一种轻松的方式诱导儿子小斯宾塞呈现他的所思所想，以便他对症下药给予疏导。

准备好纸牌之后，下面就可以开始玩了，具体的玩法也可参考斯宾塞先生的办法——掷骰子。比如，他和保姆德塞娜、儿子小斯宾塞轮流掷骰子，掷到一个数，就取出一张卡片，对上面的问题进行回答。一般而言，轮到小斯宾塞回答时，小家伙的每个答案都会成为斯宾塞破译小家伙心理密码的钥匙，轮到斯宾塞回答时，他就会通常借机向小斯宾塞提出期望，或者示范正确的待人处世方式。

比如，一次他抽到"今年你最希望得到什么（只限3个）"时回答："我最希望的是小斯宾塞能够懂得三件事，一是懂得快乐学习的秘密，二是懂得自助教育是人生中最有益的，三是要有健康的体魄和心智。"小斯宾塞也许不会全懂，但他一定会受到感染。

孩子在想什么？面临怎样的问题？……当你不知道从何入手时，就可以通过这个12张卡片的游戏，了解孩子的一些内心秘密了。

像心理医生一样进入孩子的内心

作为妈妈，我们总是竭力为孩子创造丰富的物质条件，尽可能满足他们在衣食住行上的要求，我们认为他们应该感到足够的幸福。但事实是——我们的孩子也许会给我们这样一种回答："我很郁闷。"这不得不让我们反思这样一个问题：我们的家庭教育是否还缺少点什么？

明明今年10岁，是家里唯一的孩子，家人对他疼爱有加，但是他却很反感与父母在一起。妈妈每天去学校接到他的第一句话就是"孩子，今天学得怎么样？"通常情况下明明听到这句话后就会头也不回地向前去。有一次，妈妈对孩子这种冷漠的态度感到忍无可忍了，她质问孩子："我这样关心你、爱你，为什么你用这种态度对待？"没想到明明竟说："你了解我吗？除了问我学得怎么样，你还关心过我什么？你问过我过得开心吗？"

现在，你应该知道缺少什么了吧？是的，你缺少的就是一个心理医生的角色。

其实，做孩子的心理医生，这对于妈妈来说，又是有着独特优势的。这是因为女性的独特视角、细腻温柔的个性、善于沟通和理解的能力，让妈妈们往往能够更为敏锐地捕捉到孩子的细微变化，从而及时采取相应的行动。如此，在孩子的眼中，妈妈更能了解自己，更善于和自己沟通，更能走进自己的内心世界，是了解自己的第一人，是自己亲近的第一人。曾听过一位小朋友对他的小伙伴说过这样一句话："不知道为什么，我心里有什么话，总是喜欢跟妈妈说，而不喜欢跟爸爸说。"可见，这个能够走进孩子心里的角色，恰恰是妈妈更适合的。

不过，遗憾的是，仍然有很多妈妈不了解孩子的心理，不会处理孩子的心理问题。据有关调查发现，现在有70%的妈妈不会正确处理孩子的情绪问题。正因如此，导致了一些孩子产生不健康的心理问题，由此常常引发一些严重的社会后果，或者给孩子以后的身心发育埋下隐患。

那么，妈妈们应该如何发挥自己的优势条件，担当起心理医生的角色呢？

第一，经常观察自己的孩子

我们常常会听到有的妈妈感慨："我家那小子什么都好，只是不知道从什么时候开始不太爱说话了，真是让我愁的不行……"其实，这就是一个失职的妈妈，连孩子从什么时候开始不爱说话的，以及孩子为什么不爱说话了都没有注意到，作为妈妈，实在说不过去。不幸的是，犯这样错误的妈妈并不在少数。当孩子身上有些问题初露苗头时，妈妈们并没有予以足够的重视，而当妈妈们注意到问题不妙时，那些问题已经很严重了。

其实，作为妈妈，只要你在生活中多多留意观察孩子，发挥自己女性细腻、细心的一面，对孩子多些关注，很多问题都是能够被扼杀在萌芽状态的。

一位妈妈在交流育儿经验时这样说到道：

如果孩子放学回家，可能脸上带着几丝不高兴，我就会想，孩子在学校是不是碰到什么不开心的事情了？然后做饭时，我就会特意给孩子做几个好吃的菜。等吃完饭后，我就会找孩子聊聊天，找出问题所在，开导开导孩子；如果孩子从外面回来，神色很兴奋，很激动，我就会想：孩子是不是碰到什么高兴的事儿？趁着孩子兴奋，我就会跟他凑凑热闹，问东问西。这时候，孩子往往也会毫无保留的告诉我。

就这样，通过对孩子行为、表情、动作等方面的观察，孩子最新的动态，尽在我的掌握之中。我也能对孩子的成长做到心中有数，在对孩子进行教育引导，就容易多了！

我们也可以把这个妈妈的经验很好的借鉴过来。我们可以从孩子的语言中感知他的情绪变化，也可从孩子做事的时候分析情绪的好坏。例如，一个很爱说话的孩子突然之间很安静，或者平时交流的时候很融洽，突然之间在说话的时候带着不耐烦、反感、无奈等情绪，就需要去分析孩子是不是在某些地方遇到了不高兴的事情。心情好的时候做什么事情都会很认真，而心情不好的时候做什么事情都做得不是很好，总是心不在焉地甚至还会参杂一些发泄暴力等现象。作为每天都与孩子接触的妈妈，看到孩子情绪不好的时候，应该主动帮助分析原因。很多时候孩子都不愿意说，家长要从朋友的角度来开导，或者在语言上给一些安慰，或者带孩子出去玩乐一下，又或者给孩子一件喜欢的礼物。

当我们随时带着发现和观察的眼光去找出孩子身上的那些问题，及时引导孩子远离这些问题时，就能让孩子沿着正确的生活轨迹快乐的成长了。

第二，帮孩子倾泄不良情绪。

妈妈除了要有一双敏锐的眼睛，随时洞察孩子的情绪变化外，还要掌握净化孩子心灵的方法，这才是最重要的。

一对兄妹在房间玩着玩着，忽然吵了起来。不一会儿，大概是妹妹觉得委屈，哭着跑到了妈妈的面前。

许多妈妈遇到这种情况，也许会斥责两个吵架的孩子："别哭了！"或是"你这个哥哥怎么当的，真不懂事！"可是我们看看这个妈妈是怎么做的吧：妈妈没有批评任何一方，而是让妹妹坐在自己身旁，和颜悦色地问："到底发生了什么事？跟我说说好不好？"

妹妹一边哽噎着，一边把和哥哥争执的经过叙述了一遍。奇妙的是她在哭诉中，不知不觉地止住了哭声。又过了一会儿，兄妹俩就像什么都也没发生似的，又亲亲热热地在一起玩了。

其实，在孩子们的日常生活中，类似这样由于要求得不到满足或心里有委屈而哭闹的情况，是屡见不鲜的。如果妈妈在这种情况下，不是先弄清事情的原因，而只是生硬地制止"哭"这个表面现象，并高声喝斥孩子："别哭了！""再闹就揍你"等等的话，对孩子是非常有害的。孩子的欲求得不到满足，又受到妈妈不问清红皂白劈头盖脸的训斥，只会加重心理负担。当然，我们也不可能百分之百地满足孩子所有的要求，但关键是要让孩子心中的不满情绪得以宣泄——这是解决问题的前提条件。

当发现孩子情绪低落或反常时，可以引导他寻找一种好的发泄方式。例如，可以与孩子进行心与心的交流和疏导，就是像上述的那个母亲一样，先认真倾听孩子的倾诉，让孩子把不满和委屈发泄出来。即使问题并未得到解决，孩子在心理上也容易获得平衡，也就起到了很好的"净化作用";可以带孩子到野外登山,或进行较激烈的体育活动,让他的情绪得以释放;可以兑现一件他久为期盼的承诺以满足他不平衡的心理;或是主动离家一天,让孩子邀好友们来家开个聚会,任凭他们疯狂地玩闹……这些做法,不仅可以使孩子的情绪得以宣泄,恢复心理的健康状态,还可以拉近妈妈与孩子的心理距离。当然,对于不良的情绪,妈妈也有必要要提醒孩子不要拿别人当出气筒,要适可而止,不能失去理智。

第三,让孩子学会自己管理情绪

学会管理自己的情绪是对孩子心理健康的一个基本要求,而最好的方法就是从根本上培养孩子的乐观情绪。这是因为,如果我们经过长期努力,能够让乐观情绪主导孩子的心境,并进而形成其"内心世界的背景",那么,孩子"每时每刻发生的心理事件都会受这一情绪背景的影响,使之产生与这一心境相关的色调"。因此,作为妈妈,你应该努力帮助孩子形成积极乐观的性格。

虽然小冬只是一个才刚满10岁的孩子,但是他却非常乐观、积极。每天,他都独自一人哼着歌,背着比他的背部还宽大的画板去培训班上课。有一次,邻居见了便问他:"小冬,是不是刚从培训班回来啊?"小冬说:"我正要去上课。"邻居非常疑惑,"为什么你能这么开心地去上课?"小冬说:"因为绘画课非常有趣,绘画也让我觉得未来很美好。"

那么,如何才能培养出像小冬这样的孩子呢?

首先,你要以身作则,因为孩子的心态与妈妈平时的表现紧密联系,有情绪良好、积极上进的妈妈才能培养出阳光、快乐的孩子。而且,与爸爸相比,妈妈与孩子相处的时间长、事情杂,更要保持积极的情绪。如果妈妈平时碰到一些突发事件时就慌乱得不知所措,或者总喜欢往坏的方面想，经常唉声叹气、怨天尤人，那么孩子也必然会有样学样，只要碰到一点儿坏事就觉得天要塌下来了。相反，如果我们在平时的生活中多给孩子展示自己积极乐观的一面，相信孩子也会乐观地面对生活，永远充满阳光。

在此，我们提醒妈妈，以下几点情绪控制特别需要注意：一是不要在孩子面前抱怨生活或表露颓废的情绪。否则，会使孩子过早接触到社会或生活方面的压力，会让孩子的心理产生不安全感，对生活怀疑或颓废的生活态度可能会伴随孩子的成长，让孩子身心过早受到不该承受的压力，从而影响孩子的生活安全感和成长的信心。二是不要在孩子面前责骂或批评他人。不要以为孩子小不懂事就毫不避讳，其实这对孩子的心理健康非常不利。孩子会因此而学会这种不良的处事方式，会造成心灵的扭曲，使孩子的心理健康受到极大的影响。三是不要在孩子面前用偏激的语气来表达对事物的看法。因为妈妈过激的言语和情绪会让孩子的心理也往偏激的方向发展，对孩子的性格塑造和心理发育十分不利。希望妈妈们为了孩子的明天，都能以一种良好的情绪来面对自己的生活，面对孩子的成长。

其次，让孩子学习点心理学常识。适当地让孩子学习点心理学常识，有助于他们心理素质的提高。父母可以购买一些心理学方面的科普杂志，鼓励孩子经常阅读心理学的相关文章。但是注意不要阅读太专业的文章，最好是那些与孩子的生活紧密相关的心理知识方面的文章，或者对生活细节进行心理学分析的文章等。另外，妈妈们还可以鼓励孩子在业余时间多阅读一些中外名著，让孩子在增长见识的同时受到书中人物形象的积极影响和启迪，保持对生活的乐观态度。或者鼓励孩子多参加一些有益的课外活动，支持他们多与同龄人接触，让孩子在各种活动中体会到生活的乐趣，培养他们积极乐观的性格。

其实，孩子的心理健康是一个复杂的课题，只要你的孩子可以客观地评价自己、尊重他人、易与他人相处，并能够很快地适应环境、拥有良好的行为习惯等，他就是一个心理健康的孩子。

总之，作为妈妈，你不但要是一个膳食专家、教育专家，更应做好一个心理专家的角色，这样才能为孩子健康成长铺平道路。

★育儿小贴士

儿童心理健康的标准

儿童的心理健康表现在6个方面：

1. 智能发育正常，智力商数在70以上（包括130以上的超常儿童）都属于此列；

2. 有积极乐观的情绪，热爱学习和工作，对生活充满信心；

3. 有良好的人际关系，乐于与人交往、乐于帮助别人；

4. 能够正确认识自己，不仅知道自己的优点和缺点，也了解自己的兴趣、特长，有符合实际的发展目标；

5. 有健全的性格，开朗、待人坦诚、勇于负责、正视困难；

6. 能够正确对待现实，适应环境迅速，接受新事物、新概念快，思想和行动能与时代同步。

偶尔让孩子逞逞强，成长看得到

在许多妈妈的眼里，总觉得孩子是弱小的，因此常常在孩子的面前以强者的姿态帮助孩子，保护孩子。这本来无可厚非，但是妈妈的这种"过度保护"往往会阻碍孩子的健康成长，使孩子变得自私、懒惰、消极、胆怯，没有责任心和爱心，缺乏独立生活的能力。其实，当你偶尔也向孩子示示弱、让孩子"逞逞强"的话，你会发现，这样不仅会让孩子真的变得很强大，而且还能拉近与孩子之间的距离，因为在孩子的心目中，这才更像是一家人，他（她）也愿意共同分担家庭的责任。

偶尔向孩子请教请教

生活中，大多数的妈妈都会以一副高高在上的成人心态教孩子，很少有妈妈会向孩子请教。其实，当你偶尔也向孩子征求意见时，你会发现，这样不仅不会扫了你家长的面子，反而更能拉近与孩子之间的距离，与孩子成为好朋友。

例如，很多妈妈会对青春期孩子的发型看不顺眼，如果是以一种强硬，而且带有指责的态度冲孩子大嚷："看看你的发型像什么样子，头发帘就遮住半个脸，你想演恐怖片吗？"结果只能使孩子对家长充满敌意，破坏亲子之间的关系。但如果妈妈懂得巧妙地向孩子"示弱"，孩子反而会欣然接受你的建议。下面这位聪明的妈妈就是用这种方式，改变了她14岁女儿青春期的叛逆行为。让我们来看看她是怎么做的吧：

"女儿，过几天妈妈要参加一个婚礼，你说妈妈穿什么衣服比较时尚？"

"我觉得你新买的那身裙子应该不错，不过，要是再配一条小丝巾就更好了。"

"好主意，这样既高贵而又不失时尚，那我明天就去买条丝巾。"妈妈想了想，接着说，"我的形象设计师，我能给你提条意见吗？"

女儿听妈妈称自己为"形象设计师"，高兴地说："妈妈请讲。"

"我知道你的发型是今年最流行的，我也很喜欢，但头发帘把眼睛都遮住了，是很影响视力的。如果你把头发帘斜着再剪去一些，既不失潮流，又不会遮住眼睛，说不定还能引领另一种潮流呢！"

女儿仔细想了想妈妈的话，说："妈妈，我正在为这个头发帘烦恼呢，这下好了，你帮我找到了一个解决的好办法。"

这位妈妈先承认了自己不如女儿的地方，然后再指出女儿的发型有损健康，就使得女儿欣然接受了自己的意见。这就是"示弱"的神奇力量！

当然，向孩子"示弱"，也并不是说全盘肯定孩子，而是先肯定他们的优点，然后再指出他们的缺点。示弱，代表的是一种教育态度，妈妈要关注孩子的优点，并时刻去发现孩子的优点；同时，它又是一种沟通的方式——先扬后抑。

偶尔让孩子做做保护者

为孩子做一棵遮风挡雨的大树，不如让孩子成为一棵大树；给孩子过分周全的保护，不如让孩子自己变得坚强。

一位妈妈分享了她的教子方案：

记得有一次我和儿子在外面散步，路经一座桥。我故意犹豫不前，装作一副胆小害怕的样子。我试探着对儿子说，桥好高哟，妈妈不敢过去。儿子看了看说："妈妈，不要怕，有我呢！我牵你过去。"没想到儿子信以为真，小心翼翼地拉着我的手将我带过了桥。我不失时机地对儿子夸赞道，儿子真棒，比妈妈还能干。

后来回家时，我又故意装作找不到路。对儿子说，妈妈不认得回去的路了，怎么办呢？儿子信心十足地对我说："妈妈，不要担心，我认得，你跟在我后面走就行了！"回到家，儿子自豪地向爸爸诉说起他带我过桥和回家的事，又得到了一番美美地表扬。尔后我和丈夫总是在孩子的面前表现得"无能"，努力寻找机会让孩子表现。一段时间后，我们发现，只要是孩子力所能及的事，他总是争着抢着去做。

要知道,适当地向孩子诉苦,才能让孩子懂得体谅;偶尔向孩子示弱,才会让孩子学会担当。然而在生活中,许多的妈妈却往往被爱迷蒙了双眼。生怕孩子在成长的过程中受了点苦,受了点累,受了点委屈。事事冲锋在前,为孩子排忧解难,把自己突出得强大威猛,把孩子衬托得弱小无能。而极少有妈妈在孩子的面前示弱,让孩子为自己"遮风挡雨"。其实,爱就像一个口袋,往里装产生的是满足感,而往外掏产生的是成就感。在大人一次又一次的示弱中,孩子渐渐品尝到了施与的快乐,成功的乐趣,并不由自主地拥有了成长的助力。妈妈们,如果你们真正爱自己的孩子,希望孩子将来能顶天立地,独当一面,那么你们就做孩子的小草吧!

偶尔让孩子当一次老师

在孩子的成长过程中,妈妈,作为家长始终处于优势,孩子始终处于劣势,在孩子心目中,永远也不可能强过妈妈。如果在必要的时候,妈妈恰当地向孩子示弱,会收到事半功倍的效果,如让孩子给你当一次老师。你可以向孩子求教一个你知道答案的问题。本来孩子有可能是一知半解,但只要你虚心去问,他就会动脑筋思考,想办法满足你的。而当他看到自己的答案使你满意时,他就会产生很强的荣誉感,也就会增强了孩子的自信心。

下面看看这位妈妈是怎么做的吧:

晓晓今年已经上三年级了,可他还是像小时候一样,每天晚上做完作业就看电视,或者玩别的游戏,根本不知道复习,或者预习明天老师要讲的内容。妈妈看在眼里,急在心里。

有一天,同事给她出了一个主意,晓晓妈妈决定试一试:

这天晚饭后,妈妈假装很着急地向全家人宣布了一个坏消息:

我们单位要组织一次考试，不合格的要下岗，所以我要认真复习。晓晓急切地问妈妈："妈妈，你不是说你小时候学习挺棒的吗？""是呀，妈妈小时候学习是很棒，可是现在你都将近10岁了，我估计我连小学三年级的数学公式都想不起来了，你说我不下岗谁下岗呀？"

这下，晓晓也发愁了。这时，妈妈假装灵机一动："晓晓，不如，每天晚上你给妈妈补课吧。"晓晓有点兴奋也有点为难，怕不能"胜任"。妈妈继续鼓励他："没事，反正小学三年级的内容你是新学的，应该比妈妈掌握得要牢固多啦。"

说做就做，晓晓真的拿出他的笔记本认真地给妈妈讲起课来了。而且，此后的每一天，为了更顺利地教妈妈，晓晓都在讲之前都认真地复习了一遍。结果当然是皆大欢喜啦，妈妈"顺利通过考试"，晓晓的成绩加速度上升，并且养成了课下复习的好习惯，真正喜欢上了学习。

其实，这个方法之所以奏效，还是"示弱"的功劳。妈妈能够向孩子示弱，是欣赏孩子的一种表现。当妈妈向孩子"求救"时，孩子心里一定会想："这些问题连妈妈都不会，我一定要好好表现，帮妈妈解决这些问题。"这样，孩子就会得到一股无形的鼓励力量，从而会更加出色地表现自己。同时，妈妈们也会发现，正是因为你学会了向孩子"示弱"，孩子才会放弃对你的戒备心理，从而愿意真心地接纳你，与你做朋友。

偶尔让孩子当一次家

常言道："慈母多败儿。"许多妈妈无原则地宠溺孩子，让他们过着"衣来伸手，饭来张口"的生活，那么必然会造成孩子凡事依赖妈妈，没有主张，遇到问题不能主动想办法解决，试想这样的孩子，将来怎么能适应社会的发展。因此，在家庭教育中培养孩子自理自立的意识和能力，迫在眉睫。而周期性地让孩子当一天（或两三天）

家，不失为一个行之有效的办法。而且这种角色换位，不仅可以培养孩子独立意识和自主生活能力，还能让孩子感受一下妈妈的辛劳，对生活也会有些新的认识。

小亮正在读初中三年级，和同龄的孩子不同，他在家经常做家务，是一个自理能力非常强的小男孩。

原来，在他很小的时候，妈妈并没有因为他年龄小而不让他做家务。一次，妈妈为了培养小亮做家务的能力，就装作很虚弱地对他说："宝贝，妈妈今天有点不舒服，你能帮妈妈把咱们的袜子洗干净吗？"小亮心想不就是几只袜子嘛，便点点头答应了："没问题！妈妈你去休息吧！"可是，当他亲手洗袜子的时候，才发现并不像自己想得那样简单。他刚洗了两只袜子，就感到非常累，但他咬咬牙，把剩下的四只袜子全洗完才罢休。洗完袜子，小亮对妈妈说："妈妈，我以为洗袜子很简单呢，可是没想到会这么累。妈妈你平时干家务一定很辛苦，我要学会自理，让妈妈减轻负担。"

妈妈非常感动，同时也暗自窃喜："这个方法真不错，一次洗袜子的经历就让我儿子学会了感恩。"从此，妈妈就时不时地"虚弱"一下，让小亮当当小家长。于是，一些令人欣喜的变化就在孩子身上悄无声息地发生了。例如，晚上吃过饭后，小亮往往是催促妈妈去休息，自己洗碗，收拾厨房，然后去写作业、预习第二天的课程。临睡前，还要自己关好门窗，检查一遍煤气、自来水阀门关好了没有，再去睡觉。而平时，只要有时间，小亮也尽可能地帮助家长干些家务活。

小亮的妈妈实在是一个聪明的妈妈。其实，每一位妈妈也都明白，孩子必须成长为一个独立的、有自立精神和自理能力的个体，才能和群体中的其他成员在一个平等的平台和彼此尊重的环境中进行合作和分享，也才能和别的个体进行平等的竞争，并且共同承担对未来社会和未来人类的责任。然而，根据某城市的一项抽样调查显示的现状是：高中生近六成起床不叠被子；五成从不倒垃圾，也不扫地；七成不洗碗，不洗衣服；九成从不洗菜做饭，还有部分高中生什么家务也不做，个别人连整理书包都还要家长代劳……这种现状的产生，妈妈们有着不可推卸的责任。如果每一位妈妈都能够做到该放手时放手，该用心时用心，孩子就既能感受到妈妈的爱，又能健康快乐的成长了。

例如，你可以找一个周末，让孩子为第二天的生活与活动安排，做一个预算或计划，然后从第二天早上起床开始，就由孩子上岗指挥与组织一天的家务与活动。你则在孩子指挥下加以配合，需要多少钱，买什么菜，到哪里玩，坐什么车，走哪条路线，均由孩子来筹划。在此期间，你要放手、信任，不要干预，即使孩子安排得不是很合理，也不要当即否定，而是等到第二天再与他（她）一起总结，先让他（她）自己提出改进意见，然后再补充。相信孩子对这样的活动定会兴致很高，也会十分用心和负责任，快乐与收获定会出乎你的意料。

最后，我们还要提醒各位妈妈的是：向孩子示弱要巧妙，也得有方向性。诸如，想让孩子语言表述能力强一些，你就经常向孩子提出一些需要多说的问题，让孩子发挥口才来解答；想让孩子的英语口语说得好一些，你得经常和孩子说英语，而且不时做出忘记的状态，让孩子帮助你，要不就说："这个单词我怎么忘了"；想让孩子的数学学得好一些，你得下工夫找一些问题，和孩子一起讨论，让孩子帮助你解决等。

★ 育儿小贴士

宝宝怕生心理的发展

宝宝在5个月的时候，就开始有了明显记忆力，对亲人和陌生人能加以区分，而产生不同的反应，因为对陌生人不熟悉不喜欢，他会感到恐惧、不安全，所以产生了"怕生"现象；而到了6个月的时候，宝宝甚至能够根据家庭成员的亲近程度表现出不同的反应，对妈妈则最为依恋；八九个月的宝宝认生的现象就更为常见了；而1岁则是宝宝独立性和依恋性并存的时期，因为1岁多的宝宝已经开始有了独立意识，对什么都好奇，再加上活动范围的扩大，就使得他们有了要离开父母的怀抱去探索周围环境的欲望。但是，这个年龄段的宝宝对父母和亲人仍然非常依恋，一旦遇到他从未见到过的人和物体，就可能表现出胆怯的样子；即便到了两三岁，宝宝仍然会对陌生人和陌生情景感到恐惧，这是宝宝发展的共性。

当然，由于遗传因素的差异，宝宝出生以后所处的家庭教养环境也千差万别，因此每个宝宝认生的程度也存在很大的差异。作为妈妈，你有必要在宝宝刚有"认生"迹象的时候，就有意识地带宝宝多接触其他人。比如，让家里其他人员帮着给宝宝喂奶、喝水、换尿布、逗着说话、抱着玩、做简单的游戏，通过与其他人的接触，帮助宝宝适应他可能接触到的各种社会环境。

二、好妈妈首先要改变自己
——检查你的教养方式

除了一些特殊的先天不足以外，当孩子降临到这个世界上的时候，其实他们的生命状态几乎是相似的。那么，是什么造成了孩子的生命状态往不同的方向发展呢？

一个最重要的原因，就是教养方式的差别。我们来看看下面这些例子：

"你怎么这么不争气啊？成天就知道玩网络游戏！"

"如果这次考试成绩不进入前10名，那就取消你的旅游计划！"

"钥匙这么重要的东西你也敢丢？你实在是太不小心了啊！好了，你的压岁钱被妈妈没收了，就算是对你的惩罚！"

"你又偷偷拿家里的钱？今天我非要揍死你不可！"啪！啪！啪！

"我的小祖宗啊，拖地这样累的活怎么能让你干呢？你呢，什么事都不用干，你只要吃好睡好，妈妈就已经很满足了。"

……

上面这些情景中，家长们是以一种什么样的方式在对待孩子呢？

是的，也许你已经判断出来了，这就是生活中最常见的一些错误教养方式。几乎每一天你都可以接触到这样的妈妈，包括在我们自己身上，也很容易找到这些教养方式的影子。第一种是指责型妈妈，总是对孩子进行责怪、责问、挖苦；第二种是威胁型妈妈，总是对孩子发出各种警告和威胁；第三种是惩罚型妈妈，对孩子不满意的时候动辄惩罚或者体罚；第四种是溺爱型妈妈，什么事情都不让孩子动手，什么苦都不让孩子受……在这些教育方式下成长起来的孩子们，想不出问题简直是天方夜谭。这些教养方式已经影响了孩子的生命状态，使孩子的发展进入到一个恶性循环的过程中。

所以，要想好好做妈妈，让孩子快乐健康的成长，你首先就要检查自己的教养方式是不是有问题。

推迟早教：婴儿出生三天开始教育就迟了两天

现在，很多妈妈都明白教育要早抓的道理，但这个"早"应该是多早呢？

我们用著名生理学家巴普洛夫的一句名言来作答，那就是："婴儿降生第三天开始教育就迟了两天。"也许会有很多妈妈认为刚生下来的婴儿什么都不懂，这时候对他们进行教育为时过早。

其实不然。根据生物学、生理学、心理学等学科的研究，人生来就具备一种特殊的能力，因为通过人的外在是没有办法发现这种能力的，所以这种能力被称为潜在能力，简称潜能。也就是说，天才并不是少数人才具有的禀赋，而是所有人都具备的能力。不过，虽然每个孩子都有成为某方面天才的可能性，但是如果没有得到发展和培养，这种可能性会越来越小。也就是说，一个孩子生来具备100度的潜能，如果从一生下来家长就对其进行科学的教育，那么他就可能成为具备100度能力的成人；如果从5岁开始教育，即便是教育有方，那孩子也只能成为具备80度能力的成人；而如果从10岁开始教育的话，教育得再好，孩子也只能成为具备60度能力的成人。这就是说，教育开始得越晚，孩子的潜能就发挥得越少。这种规律就被教育专家们称为"儿童潜能递减法则"。

"狼孩"的故事就是一个很好的证明：

"狼孩"从小就跟狼生活在一起，他拥有像狼一样的生活习惯，四足着地行走、吃生肉、像狼一样吼叫。后来，他被人类发现，于是科学家像教婴儿似地教他，力求让他学会人的各种能力，希望他能像人一样生活。

最终，科学家们花了几年的工夫，狼孩终于学会了穿衣服，用腿行走，但他始终也不能说出一句连贯的话来，要表达什么时，还仍然习惯于像狼一样吼叫。

而这种现象的产生，原因就在于"狼孩"错过了学习语言的最佳时期——幼儿时期，因此，他的语言能力也就永远消失了。所以，要想减少或杜绝孩子潜在能力的递减，就要早启发、早教育，不失时机地给予孩子发展其能力的机会，即从孩子出生之日起（胎教除外），就有意识地对孩子进行教育。

从内容上来说，一般要从以下几个方面进行：

培养孩子的学习能力

早期教育并不意味着强迫孩子背唐诗或认字，而是要了解孩子天生的学习与探究的动力，满足他的脑发育所迫切需要的感觉刺激和学习经历。因此，早期教育并不是单纯地为了提高智商，而是让孩子在教育活动中开发潜能，是一种重在学习过程而不单纯追求技能训练和知识掌握的教育。

一位有经验的妈妈这样分享她的经验：

只要孩子醒着，我都会跟他说话，或者轻轻地给他唱歌；当他的目光停留在某一事物上时，我会不厌其烦地告诉他，这个事物是什么；如果我在忙自己的事情，我也会用亲切的语调告诉他我正在做什么。

而且，在与孩子交流时，我并不是简单地告诉孩子这是什么，而是常常用观察的语言去描述我所看到的、听到的、闻到的、触摸到的事物。例如，当我教孩子认识花时，我会尽可能详细地描述我所看到花。如"这是一朵大大的、粉红色的百合花，宝宝闻闻看，香不香？让我们看看它有几个花瓣呀，一、二、三、四……这么多花瓣呀，里面还有黄色的花蕊呢，宝宝来看看花蕊的头上有什么呀……"

此外，给孩子讲故事、读书，带孩子接触大自然也是非常有效的教育方法。妈妈以清晰的语言给孩子读书，既可以训练孩子的"听""说"能力，还可以锻炼孩子的记忆力、启发孩子的想象力，同时，孩子的思维，以及优秀品质也可以因此而得到培养；而孩子在大自然中得到的不仅是敏锐、细致的观察能力，还能开阔眼界，充实孩子的知识和生活。

值得提醒的是，一些家长往往带着很强的目的性让孩子去接触大自然，比如，他们往往请导游带着他们一起玩，导游一边讲，他们一边催促孩子记笔记。这样，孩子带着任务接触大自然，不仅不会放松，而且各种能力，如观察力、思考力等也都不会提高，最重要的，孩子很有可能对大自然产生反感。所以，家长带孩子接触大自然时，一定要坚守这样的原则：首先是让孩子放松身心，在放松的同时，再使孩子的能力有所提高。

保护孩子的想象力

爱因斯坦说："想象力比知识更重要。因为知识是有限的，而想象力概括着世界上的一切……并且是知识进化的源泉。"因此，要培养有所创造，有所突破的孩子，就必须从小培养孩子的想象力。确切来说，我们要做的其实是保护孩子的想象力。

因为大多数孩子的想象力并不是随着年龄的增长而增强的，反而是呈递减状态的。例如，在幼儿园阶段，他们还能把一个圆圈想象成鸡蛋、皮球、人的脑袋等，但到了小学阶段，他们认为那个圆圈就是阿拉伯数字0，或者是英文字母O，而等到他们到了中学和大学阶段，在不经提醒的情况下，他们甚至会完全丧失想象力。

而之所以会出现这种现象，往往是与妈妈们的不当教育分不开的。例如：秋天，看到树叶从树上落下来，孩子会说："树叶宝宝回家睡觉去了。"而妈妈则会马上纠正他们："不对，是秋天到了，树叶从树上落下来了。"夏天，当孩子冒雨给自己喜欢的花朵打伞时，妈妈却嘲笑孩子的行为幼稚。你是不是也曾经用这些成人式的行为和语言扼杀了孩子想象力？其实，在小孩子的世界里，任何事物都是有生命的，他们的世界是五彩缤纷的，往往是你的不当教育，使他们的想象力消失，使他们的世界变得单一。因此，要想保护孩子的想象力，你与孩子接触时就要时刻保持一颗童心。

除此之外，妈妈们还可以通过让孩子自己编故事，改写或续写故事的结尾来锻炼孩子的想象力。

为了开发孩子的想象力，一位家长是这样做的：

在给孩子讲故事时，每当讲到精彩处，他就会突然打住，然后让孩子通过想象续编故事。如果孩子续编的故事与故事书上的故事有些接近，他就会大声地赞美孩子："你真厉害，和作家都想一块去了！"如果孩子的续编与书上所讲的故事有很大的差异，他就会鼓励孩子："宝贝，你编的故事比作家编得都要精彩！"

久而久之，在这样的训练中，这个孩子的想象力和创造力得到了极大的发展，并多次在幼儿园的讲故事比赛中得奖。

小孩子一般都很爱听故事，他们也很愿意续编故事或改编故事。因此，在这时，妈妈就要引导孩子多说、多讲，这对孩子的语言表达能力和想象力都将是很好的锻炼。

打造孩子适应社会的能力

虽然这种能力在早教中不是重点，但妈妈们也绝不可忽视这些能力的培养。因为前期培养是孩子能力后期发展的基础，从而使这些能力成为陪伴他们一生的竞争力。具体来说，包括交往能力以及自己照顾自己的能力等。

对于培养孩子的交往能力，下面这个妈妈就做得很好：

当我的女儿晶晶刚刚能走路时，我每星期都带她去几次商店，而且每天都带她到有孩子玩的地方去。她虽不能同别的孩子一起玩，但她却愿意看着，有时会很严肃地把手里的东西递给别人，然后又拿回来。到2岁时，她就同别的孩子一起玩得很开心了。

而且，我还告诉她，她可以请小朋友们到家里玩。她们经常一起快乐的做游戏、听故事、唱歌、跳舞、画画，虽然有时也会闹矛盾，但我会让孩子们自己解决矛盾，而她们也很快会恢复友好相处。

然而，现实生活中，我们常常可以看到这样一种孩子：害羞、胆怯、孤僻、沉静、性情懦弱，老师称之为"不合群"。其实这样的孩子往往是妈妈忽略了对宝宝最初的交往能力的培养的结果。有很多妈妈整天担心这担心那，怕孩子在外面不小心摔了，怕孩子在外面与人闹纠纷吃亏，怕在外面学坏等，不给孩子社会交往的机会，总是把孩子关在家里或院子里独自玩耍。于是孩子变得越来越内向，逐渐失去了天真活泼的性格，这是不可取的。更有甚者，有些妈妈还会把自己不礼貌、吵架等不良交往态度传染给孩子。例如，有的妈妈会对孩子说这样的话："快收起来，隔壁小弟弟要来抢了！"这些做法只会引发孩子的嫉妒、自私自利、贪心的心理。作为妈妈，我们应该从正面教育孩子，让孩子学会谦让、容忍、礼貌等品质，养成良好的交往习惯。

从培养孩子的自理能力来说，妈妈们要掌握的一个重要原则就是：学会放手，孩子自己的事情，一定要让他自己做。比如，让孩子自己收拾书包、自己起床、自己找今天要穿的衣服、自己去上学等。也许，刚一开始，孩子很多事情都做不好，比如，自己收拾书包时，经常把东西落在家里；因为不知道穿什么衣服去上学，浪费很多时间而迟到⋯⋯但当孩子不断掌握规律之后，这些情况就会不断减少或消失，到那时，孩子不仅会掌握必要的自理能力，而且还会使时间管理能力、自制力等都有所提高。另外，妈妈还可以要求孩子做一些力所能及的家务，比如倒垃圾、收拾房间、做饭等。不仅培养了孩子的自理能力，还会唤醒孩子的责任意识，培养出孩子孝敬父母的意识。

不仅仅是这些能力，其实，孩子的任何一种能力，在妈妈别具匠心的锻炼和培养下都会有所提高。这需要我们每一位妈妈自己多多去体味，多多去实践。

★育儿小贴士

早教未必狂砸钱

现在大多数家庭里只有一个孩子，妈妈们为了不让宝宝输在起跑线上，不惜砸重金把孩子送进各种各样的早教班。少则千元，多则上万的早教费用让很多家庭不堪重负。

其实,早教未必狂砸钱。不见得收费越贵的早教班环境就越好,效果就越佳,对宝宝来说,只有适合的才是最好的。而且,早教也不等于早教班,只要妈妈多用心,在家进行"零学费教育"也可以实现。

以下几点希望可以给妈妈们带来一些灵感:

1. **抓住孩子敏感期**

其实孩子自出生起就在日常生活中自发的进行着学习,只是不同发育阶段有不同的敏感期。例如:孩子4~7个月是味觉敏感期;6~11个月是咀嚼敏感期;2~9个月是语言敏感期;1岁半以前是情感敏感期;1岁左右是动作敏感期等等。而早教的理论基础也就是去抓孩子的敏感期,只不过早教老师更善于发现这一点而已。只要你用心把握住这些敏感期,妈妈做早教也是很容易的事情。

2. **早教不妨具象一些**

这里的具象是指让孩子回归到最原始亲密的状态,和一些真实的东西做自然地接触。例如,到公园看看绿色的世界,到田野感受田园的风光,到动物园看看各种动物等,不仅有助于宝宝的视觉、听觉和感觉发展,而且对宝宝身体健康和心理发展也都有好处。

3. **多与孩子对话交流**

即使是还不会说话的孩子,也能听懂妈妈的话语,妈妈的语言及声音,会永远清晰地印在孩子的心灵上,这些最初铭刻在孩子心灵深处的柔情细雨,将变成孩子思维行动的精神支柱。从这个意义上来说,与孩子对话交流,可以说是早教的起点。除了对语言和表达能力有好处外,还有利于孩子的身心发展,让孩子感到舒适、愉快和满足。

生搬硬套：天性不一样，教养大不同

每个妈妈都明白，宝宝的教养并非千篇一律，但是实际上却有很多妈妈把别人的教养方式、专家的教养建议无意识的、"粗暴"的降临到自己的孩子身上，结果可想而知，而妈妈也变得越来越迷茫。曾经就有不少妈妈抱怨说："我也用过周弘的赏识教育教过我的孩子，可是还是不行。"周弘先生教育女儿的方法的确很有特点，但是那是极具个案性质的成功经验，如果要用到你的孩子身上，生搬硬套肯定是行不通的。

其实说到教育方式，早在两千多年前孔夫子就已经给了我们一个明确答案了——"因材施教"。因为每个孩子都是不一样的。孩子不同的智力类型、气质类型、性格类型、能力类型，组合成了多多少少千差万别的孩子，要教育好这些孩子，除了借鉴一些基本的教育原理，更重要的是要选择适合自己孩子特点的教育方式和方法。

发现天赋，不和孩子的特点作对

就算逼着诸葛亮天天练武恐怕他也只能给关云长提靴子，爱迪生天天画蛋也成不了达·芬奇。成功者尽管走向成功的路径各异，却有一定之规，那就是扬长避短。其实，每一个人都有自己的天赋，作为妈妈，你有责任去发现孩子的天赋，并进行正确引导，如果逆天赋而行，那是无法取得成功的。

我国著名的文学翻译家、文艺评论家傅雷的教子经历或许会给我们一些启发。

当儿子傅聪还在三四岁时，傅雷就在他稚嫩的心灵活动中寻找他天赋的闪光点，开始为傅聪铺筑人生之路了。

起先，傅雷曾让傅聪学习美术，因为傅雷觉得自己精通美术理论，又有许多朋友是中国画坛巨匠，如果傅聪能拜他们为师，博采百家之长，定会在绘画上大有作为。

谁知傅聪不是绘画的料，他在学画时心不在焉，那些习作几乎都是鬼画桃符，信笔涂鸦，丝毫没有显露出预期的那种美术天赋。而与此同时，傅聪的一些细微爱好则引起了傅雷的注意。他发现儿子钟情于家里的那架手摇（发条动力）留声机，每当留声机在放音乐唱片时，儿子总是一动不动地依靠在它旁边静静地听，而每当此时小男孩那固有的调皮好动的天性即一扫而光。于是傅雷果断地让傅聪放弃学画而改学钢琴，此时傅聪已7岁半了。但傅聪的每一个细胞好像都是为音乐而存在的，他学琴仅几个月，就能背对钢琴听出每个琴键的绝对音高。启蒙老师雷垣教授肯定傅聪"有一对音乐的耳朵"，之后，傅雷最终认定，自己确实发现了傅聪的音乐天赋。

在傅雷的精心教育之下，傅聪脱颖而出。19岁的夏天，经过选拔，傅聪前往罗马尼亚，去参加第四届国际青年学生和平友好联欢节钢琴比赛，获钢琴演奏三等奖。21岁时，他又参加了第五届肖邦国际钢琴比赛，获三等奖，震惊了中外乐坛。

其实，每一个孩子，都有上天赋予他的才能，每一个孩子都等待在这个世界上施展他们的天赋。最重要的是：孩子有了再好的天赋也需要有人发现、挖掘和培养，否则天赋就会被浪费，被埋没。作为培养孩子的第一人，孩子天赋的发现和培养自然而然落在了妈妈身上。

或许有妈妈会问，我看不到孩子的天赋怎么办呢？

其实，如果你是一个心怀义务感、使命感和责任感的妈妈，只要再加上认真仔细地观察、多领域多层次全方位地试探，总会发现孩子身上的天赋。正如美国作家查尔斯在他的著作《按照天性养育孩子》一书中这样写道："每个孩子的生活都以某种线索和符号标志出他应该发展的方向。有头脑的父母会抓住孩子身上的这些线索和符号。父母养育子女的基本原则应该是按照孩子的天性去养育他。"

具体地说：可先在文学、历史和哲学上试试；如没兴趣，可在数学、物理和化学方面试试；如少激情，可在音乐、绘画和舞蹈方面试试；如缺冲动，还还可在游泳、影视和电脑方面再试试看……这样不断地尝试、不断地观察、不断地发掘，周而复始、久而久之，孩子的某种天赋领域总能被发掘到。一旦孩子在某种领域能够作到举一反三、教一识百、融会贯通、匠心独运之时，就说明已经发掘到属于他自己的天赋领域了。之后可以顺着这一点逐渐展开，通过让孩子尝试接触这一点周围的各种活动来刺激他，从中再发现孩子究竟在哪一点上更突出。此时若能够得到家长和教师的培养与关注，其崛起为天才的时候也就不远了。

创设有利于孩子个性化学习的心理环境

比发掘孩子天赋更重要的是尊重天赋。要尊重孩子的个性和人格，尊重孩子的兴趣和爱好，营造一种民主和谐，充满人文关怀，崇尚个性，追求独特风格与创新精神的文化氛围，只有这样，才能使孩子处于一种愉悦的心理状态中，促进孩子的个性化学习。

现任中国外交部长李肇星的夫人秦小梅女士曾经讲过这样的一件事：

她的儿子李禾禾在上学前班前，曾经学过一年的绘画，没想到禾禾在学前班画的毛笔画《小蝌蚪找妈妈》竟得了少年儿童绘画比赛二等奖，于是她在高兴之余便肯定地认为禾禾一定会在绘画上有所发展。但经过一段时间的观察发现，禾禾的心思并不在绘画上，于是她也就没再勉强他学画画了。没料到的是，禾禾上小学三年级时突然喜欢上了数学，自己还报了奥林匹克数学班，每个星期天不用她督促，禾禾自己就会从东城骑着自行车去西城的奥校上课，风雨无阻。后来李禾禾的数学成绩特别的好，直到他凭借自己的努力以优异的成绩考上了北京四中。

应该说秦小梅女士这种对孩子看似是"放任自流"的做法是对的。很多时候，你设定的"指标"不一定是孩子想要努力的方向，随着孩子自我世界的逐步发展与完善，他们往往会主动寻找自己的兴趣、意愿。对此，妈妈们应该审时度势，尊重孩子的意愿，给他们提供相应的条件，帮助其成才。在现实生活中，妈妈对孩子的期望变成"有意栽花花不成，无心插柳柳成荫"的现象时有发生。如果妈妈只知一味地以自己的喜好来强迫压制孩子，就有可能使孩子产生逆反心理，严重的还会影响你和孩子间的关系。其实，在日常生活中妈妈应该做个有心人，时刻关注孩子各方面的表现及特点，抓住有利时机，适时引导教育。这样，孩子的潜能才有可能得以挖掘，你美好的希望才有可能得以实现。

此外，下面这些建议，也可以帮助妈妈更好的了解孩子，因材施教：

要让孩子发表意见。不能永远只是你说孩子听，不管孩子对你讲什么，你都应该让孩子把话说完，给孩子说话的机会，一定不要在孩子没有说完他的话时就对孩子发脾气。

无条件地信任孩子。孩子的优点、缺点，好习惯、坏习惯基本上来自父母和周围环境的熏陶。所以你首先要尽量地欣赏孩子的优点，尽量地包容其缺点，做到多赞美、少批评。不拿自己孩子的短处和其他孩子的长处比，恰到好处的赞美、欣赏、鼓励会增强孩子的自尊、自信。

摸索出自己的教子方式。孩子和孩子之间是有差距的，每个孩子都有自己的长处和短处，孩子的接受能力也有差异，家长要摸索出适合自己孩子的教育方式，不能照搬别人的教子模式。家长只有根据孩子自身的特点和实际情况，采取恰当的教育方式，才会使孩子不断进步。如果盲目听信别人对孩子的教育经验，生搬硬套别人的教育方式，往往不会达到同样的教育效果。

★育儿小贴士

"扬长"还是"补短"？

假如你的孩子带着这样的成绩报告单回家：语文95分，英语80分，数学32分，自然76分，社会90分，你最关注哪门学科？

结果，81%的父母选择数学，只有7%的父母选择语文。很显然，数学成绩需要关注，因为数学的成绩最差，加之其又是主科，如果孩子学不好它，就不能上大学。

换句话说，更多的人认为成功的关键是克服缺点、弥补缺陷，而非施展天赋、发扬长处。理由是——"木桶理论，短板效应"。意思是一个由许多块木板箍成的木桶，如果有一块木板很长，而有一块木板很短，它的最大盛水量就只能达到最短木板的上沿。因此，决定一只桶的容量，不是组成桶的最长的那块木板，而是最短的那块；决定一个人或一项事业成败的不是特长或优势，而是缺陷或劣势。找出你的那块最短的木板，修补它、完善它，你的"容量"自然会提升。

不过,运用辩证法来回答这个问题的话,我们的答案是:一个人要想成才,既要发扬长处、发展强项,又要克服缺点、弥补缺陷。但是,如果你要想出类拔萃,就必须腾出时间和精力来把自己的强项磨砺得更加犀利。我们必须记住,关注并设法控制弱点,虽然有时确有必要,但这只能帮助我们避免失败,而不能帮助我们出类拔萃,惟有了解并发扬自身长处才能出类拔萃。

所以,与其总是想着自己没有的,不如多想想自己有什么,然后设法把它用好。因为你没有的东西数不胜数,补得过来吗?天上的大雁再多再肥,横竖够不着,看有什么用?还不如把手中的鸭子收拾了,先做一道好菜。

州官放火:孩子的成长99%来自对妈妈的模仿

每个妈妈都希望自己的孩子又听话,又上进,又强壮,处处受人欢迎,受人羡慕,让自己脸上有光。可结果往往事与愿违。不过,不要怪孩子,也许问题的根源并不在他(她),而在你自己。

因为孩子在人世间认识的第一个人是妈妈;会说的第一个词是"妈妈";夜晚睡觉时寻找的是妈妈;生病时最依恋的是妈妈;放学回家,问的第一句话是:"我妈妈呢?"孩子从小学做人,第一个榜样还是妈妈。毫不夸张地说,孩子的成长99%来自对妈妈的模仿,如果你只要求了孩子,却没有要求自己——"只许州官放火,不许百姓点灯"的政策——当然是行不通的。

古人云："以教人者教己。"孩子每时每刻都在接收妈妈发出的生命信息，即使是襁褓中的婴儿，也会收到妈妈的信息。不过，孩子小的时候，是没有对错意识，没有好坏之分的，妈妈的行为对他来说都是对的，自己也应该照妈妈那样去做。所以当自己处在一个特定环境中，孩子也会表现出妈妈那样的言行。这一旦形成一种固定的认识，是很难改变的。所以，你渴望孩子具有什么样的品质，你自己就必须要先具备这样的品质，用无形的力量去感染孩子。正如教育学家苏霍姆林斯基所说："每瞬间，你看到孩子，也就看到了自己；你教育孩子，也就是教育自己，并检验自己的人格。"

首先，妈妈要时刻意识到自己是孩子的榜样

做了妈妈，你当然知道给自己的孩子做个好榜样有多么重要。而且大多数情况下，妈妈们也能提醒自己："孩子在学着呢，要做好榜样哟。"但还有些时候，妈妈特别不想在子女身上看到的行为，无意之间却发生在自己身上，而且还不知道是因为自己的一言一行而造成了事与愿违的结果，也就是说妈妈本希望教导孩子懂得这个道理，但是自己无意的举动却使希望化为了泡影。

幼儿园的元旦亲子活动已经接近尾声了，老师告诉孩子们，他们玩游戏赢得的礼券可以去换一块蛋糕。于是，孩子们兴奋的跑向分发蛋糕的地方。

在老师的帮助下，孩子们很快排好了队，小女孩静静排在队伍的最后面。静静的妈妈看见了，便走到队伍中边拉着静静的手往前走，边对她说："快去啊，叫老师快点给你换一块，如果排队的话等下都没有了！"可是静静却突然大声地哭闹了起来，还使劲地用拳头捶打妈妈，旁边的家长们都转过头来看着这个脾气暴躁的小女孩。分发蛋糕的老师见状，急忙给静静拿了一个蛋糕，可是静静不但不吃，还把蛋糕扔在了地上，妈妈也生气了，举手想打静静，因为静静从来没有这么倔强过，但是静静也不理妈妈，哭闹声越来越大。

这个时候，静静的老师走了过来，对静静说："静静是个乖孩子，不能让妈妈生气对不对？说说为什么今天要发脾气啊？"静静不说话。"老师猜你是不想插队吧？妈妈是怕把静静饿着了所以才想让你排到前面去，但是静静要坚持排队是对的，你把这个想法告诉妈妈，但是不可以对妈妈发脾气好吗？老师相信妈妈会理解你的。"静静点点头，停止了哭泣。

我们不知道静静的妈妈是否会因此觉得有一丝羞愧，因为她显然并未给静静做出一个好榜样。要知道，妈妈在孩子的心目中拥有一种难以形容的权威力量，有时候你不经意的一次不当行为，就已经伤害了孩子，你将不再得到他的信任，他对你的崇拜、尊敬也许都会消失。当一个孩子对你不再信任的时候，你也很难再教育好孩子。因此，妈妈一定要时刻注意自己的言行，时刻记住孩子在看着自己，不能给孩子纯真的心灵造成任何污点。要把一切好的品行表现给孩子，让孩子看到世界最美好的一面，把正直、善良、坚强、勇敢、乐观、积极进取、守信用等良好品行传递给孩子。

你可以从以下几个方面来检查下自己的行为：

是否有教养：在公共场合挖鼻孔、脱鞋；排队时经常插队；响亮无比地打喷嚏、打呵欠；对任何人说话都指手画脚、唾沫横飞；在家里专横无比，包括对待自己的父母；肚量狭小不肯吃亏……你给孩子留下的是不是这样一个形象？

是否有进取心：无聊的时候打麻将；每天对生活抱怨不已；觉得自己年龄大了，奋斗的欲望消退了；越来越圆滑地逃避自己的责任……曾经年轻的你是不是随着孩子渐渐大了，进取心也渐渐不见了呢？

你可能每一个无意的举动最后都成了孩子的参照物，如果你不希望你的孩子继承你的种种陋习，就一定要在生活中严格要求自己，尤其是在孩子面前，要时刻意识到自己是孩子的榜样，以身作则才能教育出好孩子。如果每一位妈妈都能做到时刻反思自己的行为，发现不当之处马上改正。那么，培养一个品学兼优的孩子，也不是一件很难的事情了。

其次，教育孩子，妈妈要言行一致

漫画家几米有一本漫画，叫做《我的错都是大人的错》，其中有很多"金玉良言"，一针见血地说出了现代家教的矛盾：

有些父母喜欢教训孩子：吃得苦中苦，方为人上人，但他们自己吃尽了苦头，好像也没变成人上人……

前天你说过的话，昨天你忘了。今天你答应的事，明天你也不会实现。你说后天我们再一起去赏花赏鸟吧！我摇摇头，后天的花明天就谢了，鸟儿早就飞去无影踪……

大人总喜欢对小孩说：永远永远不要放弃梦想。但是为什么放弃梦想的都是大人？

……

这些既简单又直白的语言，是不是也让你哑口无言？可不是，现实生活中，许多妈妈将"宝宝，妈妈跟你说，你应该……"作为教子的口头禅，但是一转身，自己却做不到他们对孩子要求的事情，例如，有的妈妈指着孩子的鼻子，大喝"你给我念书去，不许看电视"时，自己却躺在沙发上看电视；有的妈妈告诫孩子，不珍惜时间学习就是"慢性自杀"时，自己却一宿一宿地玩麻将……如此一来，妈妈苦口婆心的教导就变得毫无意义了。

所以，当你很头痛，为什么跟孩子说了一遍又一遍，他还是记不住时，就要反思下自己是否只重言教，而忽视了身教。只有言行一致，才能达到教子目的。

露露在幼儿园有个很要好的小伙伴茜茜，两个小朋友约好明天上午要一起去公园玩。

可吃过早饭，露露还在看动画片，妈妈便提醒她："露露，妈妈和你讲了多少次要遵时守约，否则会浪费别人的时间，也给别人留下不好的印象。你现在还不去找茜茜，这样好吗？"

露露眼睛看着电视说："的确不好。不过，也没有什么的。"

妈妈有些生气："怎么能说没什么呢？你养成这样的毛病，长大会怎么样？还有谁会信任你？说不定茜茜都等急了。"

看见妈妈生气，露露也有些沉不住气了，一面关电视一面说："你是大人，不也有过错吗？没见你有什么麻烦呀？"

"你是什么意思？"妈妈不懂怎么话题扯到自己身上了。

露露理直气壮地说："你大概忘记了，好几次你答应去参加我们幼儿园的活动，我都告诉老师你会来，你却到活动结束了都没见人影。"

"那是因为我当时工作上有事情。"妈妈说到这里看到女儿不屑的甚至有些讥讽的表情，心里知道，再与她说当时不能去的理由也是白说，于是改变口气说："露露，妈妈不知道自己的行为对你造成这样的影响，我当时确实是有急事不能来。我应当事先或事后向你解释一下，甚至应该去向你的老师解释，我真的很抱歉，你能原谅妈妈吗？"

露露有些感动："没关系，我知道你很忙，下次打声招呼就可以了。"

妈妈说："下次活动是什么时间？我一定把工作安排开，当然如有意外我会和你联系，好吗？"

露露说："谢谢妈妈，我现在得赶快去找茜茜玩了。"

不少妈妈常常抱怨孩子不肯听话，但实际上，妈妈常常用自己的行动来抵消自己的言语效果，让孩子认为妈妈是说一套做一套，不必对妈妈的话认真，这时妈妈只有承认自己的错误才能消除孩子的这种想法。不过，更重要的是，你要在以后的生活中做一个以身作则、言行一致的妈妈。

如果你希望孩子能够总是把"谢谢"和"请"挂在嘴边，那么你必须自己先这样做，自己经常说这些礼貌用语才行；如果你希望孩子能够好好学习，那么你必须自己常常读书，给孩子营造一个学习的氛围才行；如果你希望孩子诚实守信，那么你必须自己兑现承诺，做一个守信的人……

总之，你的一言一行都在潜移默化地影响着孩子。以身作则，言行如一，为孩子做个好榜样，才能引导孩子在正确的轨道上前行。

★育儿小贴士

妈妈在孩子面前的"十不要"

1．不重男轻女，或特别偏爱家中某一个孩子。
2．不溺爱子女，或一味的只想以金钱来取代亲情。
3．不因为自己是父母就认为凡事都是自己的对。
4．不抽烟、不打牌、少喝酒与少应酬。
5．孩子犯错时不大声责骂或打人。
6．不把婚外情的纠纷带入家庭以致破坏家庭的和谐。
7．不把工作的不满情绪迁怒到子女的身上。

8．不要一天到晚只叫孩子念书，让他们也有机会学做家事。

9．随时注意仪容，不要给别人邋遢的感觉。

10．管教子女时，不要老是翻旧账来数落孩子的不是。

过分溺爱：惯子如杀子，宠爱需理智

如果我问你："你爱你的孩子吗？"

你一定会毫不犹豫地回答："当然爱！哪有妈妈不爱自己孩子的？"

如果我继续问："你会爱孩子吗？"

你一定会想一想再回答了。的确，天下爱孩子的妈妈，不一定都会爱孩子。许多妈妈因为"爱"，过度的保护孩子、放纵孩子；许多妈妈因为"爱"，只关注孩子的学业，而忽视了孩子的精神世界；许多妈妈因为"爱"，无意中成为了孩子的奴仆。但结果呢？这种"爱"——"溺爱"却让孩子变得懦弱、贪婪、消极、跋扈……相信这绝不是妈妈们爱孩子的初衷。

其实，爱孩子，可以智爱。

该满足时满足，该克制时克制

如今条件好多了，孩子又往往是独根独苗，因此，许多妈妈总是尽其所能地从各方面满足孩子的需求，包括一些不必要的甚至是无理的要求，代替孩子完成一些理应由他们自己完成的事。如做作业、干家务、值日扫地等等。他们尽力把孩子的生活道路铺得平平顺顺的，似乎这样就能保证孩子幸福健康地成长。

但是事实上，这种幸福观很容易导致孩子的灾难。因为溺爱的结果是把一切都管到，把一切都管到往往就会变成专制，缺乏民主的精神。让孩子在溺爱中，同时又是在管制中生活，这很容易产生心理上的不健康。要知道，孩子尤其需要一种自在状态。因此，要在允许的范围内根据孩子自身的实际情况，以孩子能够接受的方式，既给予他（她）锻炼的机会、发展的空间，又不让他（她）有被忽视或者被逼迫的感觉，这就是智爱。

皓皓是家里的小皇帝，爷爷奶奶都对他百般呵护、百依百顺，爸爸妈妈对他疼爱有加、精心照料，这让皓皓生活得非常得意，要风得风，要雨得雨。由于平时家里所有人做事总是以皓皓为主，因此皓皓觉得大家都应该让着他。所以吃饭的时候，皓皓总会在其他人下筷子之前，把所有的菜翻一遍。

这让妈妈觉得不能坐视不理了，应该对孩子严格要求。于是，妈妈便和爸爸商量后决定，在接下来的一个月里，由爸爸来教育儿子，妈妈则把主要精力放在关心儿子的精神生活上。在爸爸的严格教育下，皓皓不能再像以前那样"为所欲为"了：吃饭的时候要等全家人到齐了才能动筷子；放学后要帮妈妈做点力所能及的家务活，不能只顾着看电视；自己的房间自己整理……当爸爸管教儿子的时候，妈妈不会插手。但是，在日常生活中，妈妈却更加关心皓皓的生活了，妈妈经常会抽时间和他聊天，给他买一些好看的课外书，等等。在爸爸的严爱和妈妈的慈爱下，皓皓的不良个性逐渐得到改善，现在他也成了一个懂事的好孩子了。

可见，放弃用过分控制或纵容的方法对待孩子，用慈爱而坚决的方法教育孩子，培养孩子，会对孩子的成长更有好处。当孩子做了错事，妈妈要讲明是非，纠正错误，再以适当的方式表示亲昵，使其感到妈妈仍然是爱他的。这样能激起孩子对妈妈由衷的爱戴与尊敬，也能使他感觉与体会到妈妈对自己的养育的艰辛、期望的殷切。

该保护时保护，该放手时放手

现在，很多妈妈有这样的想法："我们的童年过得很艰辛，再不能让孩子经受我们的那些磨难了。"因而对于孩子在生活中遇到的各种困难，他们总是忍不住要伸出帮助之手。可是他们想不到的是，这样做表面是在帮孩子，其实却可能害了孩子。一位美国儿童心理学家就曾说过这样一句话："有十分幸福童年的人常有不幸的成年。"而事实上也有许多很少遭受挫折的孩子长大以后会因不适应激烈竞争和复杂多变的社会而深感痛苦。

其实，孩子早晚都要自己面对激烈的社会竞争，这是一个人成长的必然规律。而许多妈妈却不敢把孩子放出去，怕他们经验不足，怕他们上当受骗，什么都不敢让孩子自己去做。妈妈总是说："原因是这样的"、"是这么回事"、"这样干才行"，就意味着："别说了，要是妈妈给你做，就不会出这些麻烦了"。这样做的结果是孩子的心理承受能力相当脆弱，经不起一点小小的挫折。因此，最明智的做法其实是，该保护时保护，该放手时放手，尽早让孩子学会自己应付挫折。

下面这为日本妈妈的做法我们可以借鉴一下：

春子是个很温柔的日本女性，她有一对宝贝儿女，9岁的儿子正男和5岁的女儿由美子。她平时对待孩子总是和蔼、耐心，尤其疼爱小女儿，整天把她打扮得花枝招展，但是她却从不溺爱孩子。

一个初春的黄昏，春子正在洗衣服，由美子淘气地追逐着一只红蜻蜓。由美子突然看到住在隔壁的中国男人下班回来，不由喊一声："叔叔！"并张开两只小手朝他扑过去，谁知被一块小石子绊了一下，顿时失去重心"扑通"一声摔倒在地上。

"哇……"由美子疼得大哭起来。中国男人慌忙想上前搀扶，谁知却被春子太太一把拽住了手。

"由美子，不许哭，自己站起来！"春子对着女儿大声嚷道。见女儿仍然哭泣着不肯起来，春子再次怒喝一声："不许哭，站起来！"

春子神态严肃，与往常笑眯眯的样子判若两人，中国男人惊异地望着这位"狠心肠"的娘，感到简直不可思议了。

由美子终于止住了哭声，一双大眼睛委屈地望着母亲，自己慢慢地爬了起来。

春子这时才一把抱起女儿："我的宝贝，真乖，听妈妈的话，摔倒了自己站起来，将来一定是个好孩子。"

由美子懂事地搂住妈妈的脖子奶声奶气地道："妈妈我听你的话，再也不哭了。"然后瘸着小腿一拐一拐地又去玩耍了。

无疑，这就是一个充满智爱的妈妈。作为一个妈妈，不应该只是竭力帮孩子逃避困难和挫折，而应该像春子太太一样，教会孩子如何以积极乐观的心态战胜挫折。妈妈们也不必担心孩子会因为一次的挫败，就不得翻身，其实每个孩子的内心深处，都有一个"自我帮助系统"，在处理挫折的过程中，会接纳各种各样的处理方法。它可以让孩子逐渐从容地应付复杂的狂风巨浪，即使哪一次失败了，也懂得爬起来再战，并明白什么时候该再接再厉，什么时候该另起炉灶。这样的智慧，是必须在亲身实践中学会的。

至于何时保护何时放手，这个度的把握需要妈妈们自己很好的摸索一下。因为孩子的年龄、性格、发展速度、家庭环境、成长经历的不同，导致界定尺度是不一样的。例如，1岁的宝宝被攻击，妈妈肯定需要快速做出反应，防止宝宝受到伤害。当然，前提是要温和而平静的处理问题。但是如果是3岁的宝宝被攻击，妈妈就可以视情况而定，在保证安全的情况下，给孩子一些自我处理问题的时间和空间。但是事后，还需要妈妈给予一些安慰和保护，多给一些引导和鼓励。我们要在适度保护孩子的同时给予他们足够的关注和爱护，让他们从妈妈身上获得足够的心里能量与心灵激励，更加勇敢的走向外面的世界，更加智慧的面对外面的风雨。

该重视时重视，该忽视时忽视

就因为溺爱，妈妈们往往会偏重智力教育，给孩子设定过高的期望值，而忽略了智力以外的心理素质的培养。例如，有人就曾对上海市区的部分妈妈做过一项调查，结果显示：77.9%的妈妈希望自己的孩子达到大专及大专以上学历，而对于孩子的职业，91.8%的妈妈希望自己的孩子从事脑力劳动。

不可否认，妈妈这样做无疑是出于对孩子的爱，对孩子寄予期望也是情理之中，是可以理解的。但是，许多妈妈忽略了这样一条重要的原则，那就是：一旦妈妈的期望标准背离了社会需要和孩子身心发展的内在规律，让孩子觉得目标可望而不可即时，就会严重影响孩子的性格发展和身心健康。

10岁的毛毛，是家里唯一的孩子，也是妈妈的掌上明珠。妈妈希望他能够在各方面都非常出色。为此，妈妈为他设立了非常高的标准，除了在学校里进行正常的学习和活动外，妈妈还给他增加了许多课余活动，如拉小提琴、练体操以及其他儿童活动等。妈妈要求他在所有活动中都成为最优秀的。而毛毛也很争气，无论是在学校还是在地区活动中，他都被认为是难得的优秀孩子，但是在他的生活中，却有一些令人无可奈何的状态。比如：他对别人的评价非常敏感，略有微词便情绪低落，而且在行为上，经常有神经质的表现。

另外，他也不像其他同龄孩子那样尽兴地说笑和玩闹，似乎很受压抑……遗憾的是，这些情况妈妈并没有注意到。终于有一天，毛毛因为别人的一句玩笑话而勃然大怒，打伤了同学。

现实生活中，相信这样的例子还有很多。而且，在高期望值的支配下，妈妈评判子女好坏的标准也严重失衡，孩子教育成败多是以智力发展的好坏来衡量。然而，由于每个孩子都有不同的潜质，他们的兴趣、潜能未必与父母的理想模式相吻合，因此，过高的期望往往会让孩子背上了沉重的心理包袱。所以，妈妈要有平和的心态，适当降低对孩子的期望值，给孩子减少压力，根据实际情况和孩子一起制订合适的奋斗目标。应该学会倾听孩子的心声："因为我是菊花，所以请别让我在夏天开放；因为我是白杨，所以请别指望从我身上摘下松子。"

其实，作为妈妈，引导与帮助孩子提高学习成绩，本来是无可厚非的，也是应尽的义务。但是，比智力发展更重要的是心理健康。而且，我们也相信天下的妈妈都是爱孩子的，都希望自己的孩子健康快乐地成长，因此，你应该投入更多的精力和时间教育孩子怎么做人，发展孩子的个性，关心孩子的非智力因素的培养，关注他们的意志品质、道德情操的发展以及培养孩子的健康心理。要知道，三百六十行，行行出状元。妈妈应通过对孩子的教育，发掘孩子所蕴藏的潜能，因为从未来社会对人才的要求来看，真正能在社会上获得很好发展机会的人才，都是具备很好的创新能力的人。

总之，孩子是家庭的希望，社会的未来。关爱孩子是一种神圣而伟大的情感，全世界的妈妈都在为孩子的成长付出自己的心血。当孩子逐渐长大，妈妈应该给予孩子更大的空间去独立思考和作决定，学习面对问题与解决问题的方法，而不再是处处照顾得无微不至。

★育儿小贴士

你有没有溺爱孩子呢?

做妈妈的大都知道溺爱孩子有害,但却往往分不清什么是溺爱,不了解自己有没有溺爱的情况。如果下面的情况出现在你的家庭中,你就要小心了,这些细节可能说明你正溺爱着你的孩子。

1. 包办代替:不忍心让孩子劳动,甚至吃饭、穿衣等孩子自己的事情也帮他(她)代劳。

2. 大惊小怪:孩子摔个跟头就表现的惊慌失措,赶紧扶起来。

3. 剥夺独立:不让孩子走出家门,也不许他和别的小朋友玩。更有甚者,有的孩子成了"小尾巴",时刻不能离开大人一步。

4. 害怕哭闹:孩子在不顺心时以哭闹、睡地、不吃饭来要挟时,你的对策是——哄骗,投降,依从,迁就。

5. 当面袒护:爸爸管孩子,你护着:"不要太严了,他还小呢,大了自然会好。"

6. 特殊待遇:孩子在家庭中的地位高人一等,处处特殊照顾,如吃"独食",好的食品放在他面前供他一人享用;做"独生",爷爷奶奶可以不过生日,孩子过生日得买大蛋糕,送礼物。

7. 过分注意:一家人时刻关照他,陪伴他。过年过节,亲戚朋友来了往往嘻笑逗引没完,有时候大人坐一圈把他围在中心,一再欢迎孩子表演节目,掌声不断。

8. 轻易满足:孩子要什么就给什么。

9. 生活懒散:允许孩子饮食起居、玩耍学习没有规律,要怎样就怎样,睡懒觉,不吃饭,白天游游荡荡,晚上看电视到深夜等。

10. 祈求央告:边哄边求孩子吃饭睡觉,例如答应给孩子讲3个故事才把饭吃完。

棍棒教育：太冷酷，失去温柔母爱

与溺爱相反，有些妈妈对孩子的教育很严厉，有时甚至达到残酷的程度，他们信奉"棍棒之下出孝子"的信条，稍不顺心或孩子的行为不符合自己的愿望，就斥责甚至打骂孩子。

用这种方法，不但不能把孩子教育好，反而会让孩子失去温柔母爱，损伤孩子的自尊心，养成自卑、胆小、孤僻、撒谎等不正常的性格。

也许有些妈妈会抱怨，孩子太气人了。不过，很多时候，问题并不在于孩子本身，而是我们的教育方式出了问题。如果妈妈在教育孩子时，不是随意地责骂，而是慎重地批评孩子，循循善诱，很多顽皮的孩子都会成长为有所作为的人。

很少有妈妈天生就会教孩子，也很少有妈妈能自然而然地成为家教高手。但妈妈期望通过打骂来教育孩子的做法，肯定是错误的。打，只会造成孩子种种不良的心态和心理偏差，绝不能获得有效地教育孩子的效果。所以，恳切希望天下的妈妈们不要再那么"冷酷"了，不妨试试以下这些方法来取代棍棒教育。

先冷静下来，盛怒时不管教孩子

许多妈妈打孩子，是出于一时冲动。例如，在面对不听管教的孩子时，如果是脾气暴躁的妈妈，通常最直接的反应就是打骂。其实，此时妈妈应该先让自己冷静下来，尝试着走入孩子的内心，耐心地询问孩子如此行为的真正原因。当你把心思放在了解孩子的想法，并想办法帮孩子解决问题上时，也许就会发现孩子的行为其实是情有可原的，同时也会释放掉自身的很多负面的情绪，因而也会避免打骂孩子了。

妮妮9岁了，长成了一个知书达理、人见人爱的女孩子，而这主要得益于妈妈良好的教育。

在妮妮7岁的时候，一次家里来了客人，正巧这天妮妮放学回家的时候摔了一跤，心情不好，因此见到客人并没有打招呼问好，客人和她说话她也没有回答，而是径自回到了自己的房间。

这让好面子的妈妈感到非常尴尬，她正想发作，突然想到家长打骂孩子坏处多，因此努力克制住了自己的情绪。等心情平静下来后，妈妈走进妮妮的房间，耐心地对她说："乖女儿，刚才阿姨问你话你怎么不回答啊？"妮妮便把心里的不愉快告诉了妈妈。

经过妈妈的一番安慰，妮妮心情好多了。这时候，妈妈接着告诉她："孩子，你可以心情不好，但是客人问你话，你也不能不回答，这样做是不礼貌的行为。刚才看到你的表现，妈妈也非常生气，但是妈妈控制住了自己的情绪，并没有发脾气。所以你也要试着控制自己的情绪，否则很容易伤害别人……"

听了妈妈的话，妮妮也意识到自己刚才的行为有些不礼貌，于是她走到客厅，真诚地向客人表示了歉意，并且主动给客人端茶倒水。

可见，这是一种比较有效的教育方法。其实，很多时候，孩子们调皮捣蛋、不听话往往都是有极其隐秘的心理原因的。因此，当孩子表现烦躁、故意顶撞或者说粗话等不良行为的时候，妈妈首先要做的就是弄清楚孩子这样做的原因，知道孩子的想法，然后再有针对性地指导孩子。而这样做的一个大前提就是先让自己冷静、冷静、再冷静，因为在极度愤怒的情况下，妈妈肯定无法以理性的方式来管教孩子。如果实在无法平静下来，可以暂时离开孩子所处的环境现场，或是转移自己的注意力去做别的事，等自己平静下来以后，再来管教孩子。

放下妈妈的架子，多和孩子平等交流

许多妈妈打骂孩子是受传统教养观念的影响，如"棍棒之下出孝子"、"不打不成人，不打不成才"、"打是疼，骂是爱，气极了，拿脚踹"、"三天不打，上房揭瓦"等。因为在传统观念中，妈妈与孩子的关系就是上对下，没有尊重孩子、与孩子平等相处的概念。因此，要想改变棍棒教育的方法，你首先就要放下妈妈的架子，多和孩子平等交流。

浩鑫的妈妈在家里享有绝对权威，从来说一不二，她决定了的事情根本没有商量的余地，否则就会闹得鸡犬不宁。今天，浩鑫本想去同学家玩。妈妈却说："不行，先练两个小时的琴，再出门。"浩鑫说："过两个小时就中午了，我还玩什么。"

妈妈不听他解释，说："我的话呢，你都当耳边风啦。星期天练琴两小时再出门，是规矩。"浩鑫说："我跟同学都约好了，回来再练就不行吗？"妈妈坚决地说："不行，这事没有商量。"浩鑫知道妈妈的脾气，只好沮丧地去练琴。他跟好友解释，自己中午才能到。浩鑫一直和妈妈关系很僵，妈妈让他感到很压抑。

孩子听你的话，如果是因为你人高马大，那就是你教育的失败。你主动和孩子站在同一条水平线上，不用权威要挟孩子，而孩子还能自然而然地主动配合你，那才是真正有效的教育。

其实，每个孩子都是独立的个体，有自己的特点和心理需求，他们心智尚未成熟，希望得到妈妈的理解和尊重。每次当孩子不听话或是犯了错误的时候，如果妈妈们都能蹲下来和孩子说话，孩子的内心得到了尊重，也就能听进去妈妈的教育和建议了。不过，这可不能只讲求形式，妈妈在和孩子交流的时候，不仅身体要蹲下来，心灵也应该蹲下来。将自己的心也放到和孩子同一水平，孩子才会看到妈妈的诚意，乐意将自己的心情和困惑与妈妈交流，这样才会减少妈妈了解孩子的困难，及时发现孩子的问题，给予孩子适当的帮助，这比棍棒教育可有效的多了。

真诚的道歉，可以化解对孩子的伤害

人无完人，万一我们对孩子说了一些"不入耳"的话，那么请你一定要及时给孩子道歉，要知道，亡羊补牢，犹未为晚。来自你内心的真诚的道歉，可以化解恶言恶语对孩子的伤害。

关于这一点，1932年诺贝尔生理学和医学奖的获得者——埃德加·道格拉斯·艾德里安的母亲就做得很好。

艾德里安从小就显示了自己的生物学天分，他十分喜欢研究小虫、小动物，而且常常把他捉到的虫子解剖并仔细研究。对孩子的这个爱好，母亲是十分支持的，认为孩子有兴趣探索他不知道的事物是件非常好的事情。

有一次，艾德里安在河边解剖一条死狗，被他的母亲看见了。身为贵妇的母亲很气愤，首先是因为儿子在大庭广众之下血淋淋地解剖动物很不文雅；其次，她以为是儿子杀死了别人家的狗，是一种极不礼貌的行为。基于此，母亲便狠狠地责骂了孩子，这个时候，艾德里安很委屈地对妈妈说："我没有弄死别人的狗，它是一条死狗，没人要，扔在这里的。我一时好奇，想知道狗的肚子里面都有些什么东西，就把它切开了。"

听了儿子的解释，母亲深知自己错怪了孩子，而且自己这一批评可能会打击孩子的好奇心，于是她立即为自己错怪了儿子而道歉，并进一步鼓励儿子对未知事物要勇于探索。在母亲的精心教育下，艾德里安在强烈的求知欲下积极探索，为他以后进行科学研究打下了良好的基础。

然而，现实生活中，很多妈妈，总希望保持做家长的权威，要他们在孩子面前认错真是一件比登天还难的事。不过，教育是有痕迹的，错误的教育仿佛一道伤疤永远留在孩子的心里。妈妈一旦犯错，留给孩子的恐怕是抹不掉的伤痛，所以如果妈妈真的做错事了，或者误会孩子了，及时道歉是必须的。道歉不单有利于改善亲子关系，也有利于孩子的健康成长，更有益于提高父母的权威。因为如果妈妈谦卑诚恳的道歉，并且愿意为过失负责的，那么孩子在以后的生活中也会学到这种好的品质。而且他们会知道，以后他们做错事了，就要向被伤害到的人道歉，也要负上相应的责任。妈妈们要记得，以身作则始终是最好的教育方法。

教育孩子，平等是基础，把孩子放在与自己平等的位置上，孩子才愿意与妈妈沟通。做妈妈的，不妨请孩子做监督者，随时监督自己会不会发脾气。而且，你可不要小看这小小的民主行为，用不了多长时间，你就能发现孩子的脾气也变得越来越好，责任心也大大增强。

★育儿小贴士

九句话教你冷静做妈妈

你将下面的九句话打印出来，贴在家中一眼看见的地方或经常打孩子的地方，它会慢慢让你冷静下来。

1．这世上只有她会喊你"妈妈"。她是比你的眼睛还要珍贵的宝贝，你要珍惜她、爱护她。而不是去伤害她。

2．控制打孩子的欲望。

3．别把自己孩子当神童。

4．别拿孩子跟班级表现优秀孩子相比。

5．要允许孩子犯错误。

6．不要张扬孩子的缺点。

7．要多与孩子聊天，知道她的心理需求。

8．要学会理解孩子。

9．欣赏孩子的优点。

三、谁带孩子都不能代替妈妈——母爱不容缺失

美国心理学家埃里克森在他著名的"人格发展八阶段论"中曾经谈到，儿童在出生至十八个月时就要通过感官去领会世界，从母亲的形象中去信任世界。如果他得到了母亲的关怀和爱抚，生理需要就得到了满足，就会感到安全，从而对周围的人也就有了信任感。但是如果母亲的关爱不够，甚至没有，孩子就会对人、对世界产生恐惧，充满不信任。而在他成人以后，这种不信任感就会发展成为对他人，甚至对社会的敌意。

然而，遗憾的是，在很多现代家庭中，由于爸爸妈妈的工作繁忙没有时间照看孩子，因此，孩子大多交给家里的老人照顾。虽然老年人时间上比较轻松，大多也乐于为儿女效力，不过，作为孩子的妈妈，不能把老人的帮助当做理所当然，也不能把孩子完全托付给老人。不要当有一天，孩子对你的教育不屑一顾时，再去对老人心生抱怨。要始终知道，自己才是孩子的妈妈，母爱不容缺失。

金水、银水，不如妈妈的奶水

在自然界中，刚出生的灵长类动物，从出生的第一天起就能进行各种运动。但是，人类的婴儿则不同。经过十月怀胎，一朝分娩

之后的妈妈，任务并没有完成，而是真正教育的发端。

正如瑞士生物学家波特曼所说，人类是生理上早产的动物，要想使人类的幼儿像其他哺乳类幼仔那样强壮，就需要把人类现在的妊娠期再延长一年，即：造物主安排了一年的时间让母亲为孩子喂奶。事实上，母亲的怀抱就是孩子的"体外子宫"。当孩子依偎在母亲的胸前吮吸乳汁时，同他在子宫里的情形是极为相似的：温暖柔软的乳房、围抱身体的母亲的臂膀、母亲幸福安详的目光……

不过，让人遗憾的是，现在很多妈妈觉得母乳喂养会影响自己的身体体型，因此放弃哺喂孩子。但是这样不仅不能体会孩子吮吸乳汁时的幸福感，也失去欣赏孩子吮吸乳汁时的喜悦感。而且更重要的是，拒绝母乳喂养的妈妈很难与孩子之间建立感情。

曾有专家就此时专门做过一项试验：

把母子分成两组，一组是在孩子出生后，让母亲看一眼就送到育婴室内；另一组则在6分钟内做完必要处置后，让孩子贴着母亲的胸口，接着让其吃奶，前后共安排约15分钟，然后再送往育婴室。

仅仅这15分钟之差，体现出来的结果却大不相同。按照36小时、1个月、1年、两年后等35个检查期，医生发现，曾经接触15分钟的母亲，抱孩子、吻孩子以及同孩子的爱抚行为比较多，而未做过这类接触的母亲，对尿布是否尿湿等孩子的清洁卫生出现了神经质的倾向，爱抚行为也较少。向医生诉说育儿上的苦恼和辛劳的次数，两者也有显著的差别。

著名的教育家斯托夫人也很赞同母乳喂养。她认为对孩子来说最好的食品是母亲的乳汁，错过了母乳喂养的时机，就失去了了解孩子的一个机会，会让人后悔莫及的。而且，她自己也没有放弃这个机会。在给女儿喂奶的那段时间，她还始终坚持：要充分满足她吃奶的需求，只要她饿了就给她喂；哺乳期间绝不使用香水或香味很浓的化妆品。因为新生儿的嗅觉非常敏感，太浓的香味会使婴儿认为这不是自己的妈妈，不利于建立母子感情。

下面，我们就母乳喂养的常识，再给新妈妈们做更详尽的解读。

观念篇——母乳喂养好处多

母乳喂养对宝宝的好处：

1. 母乳提供完美的婴幼儿营养

俗话说："金水、银水，不如妈妈的奶水"。母乳营养丰富，所含的各种营养物质最适合婴儿消化吸收，具有最高的生物利用率，是宝宝最理想的天然食品，选择任何替代品喂养与之均相去甚远。

2. 与配方奶粉相比，母乳永远唾手可得，方便经济

母乳几乎无菌，直接喂哺不易污染，无需消毒，温度适宜，吸吮速度及吸吮量又可随需要增减，十分方便经济。

3. 母乳中含有大量的免疫物质，可帮助宝宝免疫系统发育

母乳中含有抵抗疾病的免疫物质，有利于婴儿的抗感染能力，保证婴儿少得疾病。

4. 有利于牙齿的发育与保护

吸吮肌肉运动有助于面部正常发育，还能预防由奶瓶喂养引起的龋齿。

5. 能够促进婴儿的早期智力开发

母乳中的优质蛋白质、必需脂肪酸及乳糖含量较高，有利于婴儿大脑的迅速发育。而且哺乳过程中，妈妈的声音、心音、气味和肌肤的接触能刺激婴儿大脑，促进婴儿早期智力开发。支持这一论断的最新研究来自于新西兰。在那里，一项对1000多个孩子持续了18年之久的纵向研究表明，那些在婴儿期得到母乳喂养的孩子无论

智商还是学习成绩都胜过那些人工喂养的孩子。

6. 母乳喂养满足婴儿情感的需要

无论对那个年龄段的婴幼儿来说,最让他们感到安慰的事就是被紧紧抱着,依偎在妈妈怀里吃奶。通过抚摸、拥抱、对视等,能使婴儿获得满足感和安全感,能够增加母子间的感情,这也是母乳喂哺最大的优点。

母乳喂养对妈妈的好处:

1. 吸吮帮助妈妈产后子宫收缩

哺育母乳可以促进子宫的收缩,使得在怀孕期间增大了近20倍的子宫更快地收缩回怀孕前的大小,减少阴道出血,预防贫血。而未哺乳母亲的子宫永远也不能回到怀孕前的大小,它将一直处于稍大的状态。

2. 喂奶能帮助妈妈更快地重塑身材

那种认为产后哺乳会影响身材的看法是错误的,母乳喂养不但不会影响母亲身材,反而可有效地消耗怀孕时累积的脂肪,可促进身材的恢复,并避免产后的肥胖。另外提醒妈妈们,哺乳期也要佩带合适的纯棉胸罩,可使乳房丰满,避免乳房下垂。

3. 哺乳可减少妈妈患乳腺癌的风险

研究指出,哺育母乳可以减少患乳腺癌的危险。"如果所有的没有进行母乳喂养的或母乳喂养不到3个月的妇女都母乳喂养4~12个月,相对目前的概率,绝经期前经产妇患乳腺癌的几率要减少11%。如果所有有孩子的妇女都进行24个月或更长时间的母乳喂养,同样的几率将减少25%。在早年就开始喂母乳的妇女中,患病几率则更低。"

常识篇——母乳喂养学问大

1. 尽早开奶

一般来说,新生儿降生后半个时小内就应吸吮妈妈奶头,即使没有奶也要吸上几口，尽早建立催乳反射和排乳反射，促使乳汁来得早且多。若开奶迟会增加母乳喂养失败的机会。建议新手妈妈们，一定不要因为刚开始没有乳汁就不让孩子吸吮奶头，应该让他多多接触乳头，渐渐地婴儿就会学着靠自己的力量去吸吮了。

2. 珍惜初乳

初乳外观淡淡的有些像水，有些妈妈往往误以为营养一定比不上浓厚的奶水而挤掉。其实并非如此，这种初乳里所含的蛋白质较多，脂肪较少，微量元素锌也都较以后分泌的成乳多，更主要的是其成分当中含有免疫物质也更多。因此，看起来清淡的初乳实际上反而对新生儿是非常珍贵的，所以，一定要珍惜初乳，让宝宝接受人生的第一次免疫。

3. 按需喂奶

每当宝宝饿了、渴了或妈妈感到乳房胀时，就应喂奶。宝宝出生后2～7天，每1～3小时喂一次，也可更多些，间隔不要超过3小时。妈妈下奶后，通常每24小时喂8～12次，夜间不应停止哺乳。

在判断宝宝是否进食充足奶量事，可计算其小便次数。一般来说，在不添加任何辅助食品(包括水、饮料、汤)的情况下，婴儿每日有6次或者6次以上的小便，则表明婴儿已经进食足够的奶量。

4. 哺乳时间

一次的授乳时间：开始时，有的只用1～2分钟，以后逐渐延长，最终的标准是15～20分钟。如果达30分钟以上，婴儿和妈妈都会疲劳。

总的哺乳时间：有观点认为六个月以后妈妈的母乳质量就差了，含有的营养不能满足宝宝的需求了。其实不然，妈妈的乳汁质量并不会因为孩子成长而变化。世界卫生组织也建议，宝宝出生后的前6个月尽量做到纯母乳喂养，并坚持母乳喂养两年或两年以上。

5. 哺乳方法

给婴儿喂奶时，不能只让其含住乳头，而应将乳头及大部分乳晕一起塞进婴儿口中，因为乳晕下面的乳窦是储存乳汁的重要部位。为了保持充沛的乳汁，妈妈应该坚持两侧乳房轮流喂奶，并且在每次充分哺乳后应挤净乳房内的余奶，促进乳汁分泌。

特别提醒的是：使用胶皮奶嘴，婴儿吮吸时不需费力，若再改为吮吸母乳，婴儿有可能只吸乳头而不含乳晕，吮吸起来比较费力，也就不愿再吸了。因此，如果确实需要喂牛奶、开水等，要用小勺或者注射器等，以防宝宝乳头错觉。

另外，妈妈的喂养姿势也有讲究。一般包括下面四种：一是侧躺（足球）抱法：让宝宝在你身体一侧，用前臂支撑他的背，让颈和头枕在你的手上。这种方法特别适合剖宫产后恢复期的妈妈。二是侧卧抱法：你可以在床上侧卧，让宝宝的脸朝向你，将宝宝的头枕在臂弯上，使他的嘴和你的乳头保持水平。如哺乳时间长你可用枕头支撑住后背。三是摇篮抱法：用你手臂的肘关节内侧支撑住宝宝的头，使他的腹部紧贴住你的身体，用另一只手支撑着你的乳房。四是橄榄球抱姿：让宝宝躺在一张较宽的椅子或者沙发上，将他置于你的手臂下，头部靠近你的胸部，用你的手指支撑着他的头部和肩膀。然后在孩子头部下面垫上一个枕头，让他的嘴能接触到你的乳头。这种方法特别适用于那些吃奶有困难的宝宝。

6. 防止溢奶

哺乳结束时，应抱起宝宝轻拍背部，帮助他把吸吮时吞咽的空气从口中排除。然后让宝宝侧躺一会儿，以防止溢出的奶被宝宝误吸，引起其它疾病。具体方法如下：竖抱让他头靠你肩膀上，肩膀上放个小手绢，防止他漾奶到你身上和保护他的干净，一只手托着屁股，一只手从脊背下到上轻拍三次，再重复，关键是要在宝宝胃部施加一定的压力。

方法篇——母乳充足有妙招

1. 让宝宝早吮吸，勤吮吸

乳汁的分泌是通过婴儿吸吮刺激而诱发的泌乳反射和排乳反射的建立，以及母亲体内脑下垂体分泌的泌乳素和催产素共同作用的结果，吸吮刺激越频繁、吸吮力越强，泌乳量越多。所以提倡让宝宝早吮吸，勤吮吸，这样有利于母亲乳汁源源不断地分泌，以充分满足宝宝的营养需要。

而且注意，在给宝宝哺乳时，左右两侧应该交替进行，并且调整到每次哺乳刚好吸尽双乳奶水时为佳，这样不会因奶水过剩而导致感染的机会增加，也不会出现奶水不足，还可以防治过度奶水分泌导致将来乳房松弛、萎缩。并且可以防止妈妈的两个乳房大小不一，影响美观。

2. 保持心情愉快，劳逸结合

乳汁分泌与神经中枢关系密切，过度紧张、忧虑、愤怒、惊恐等不良精神状态可引起乳汁分泌减少。妈妈要保持精神愉快，对母乳喂养抱有信心，注意劳逸结合，保证足够的睡眠和休息，保持心情舒畅。

3. 适当地进补催乳食品

妈妈的乳汁归根结底来源于吃下去的食物，喂奶妈妈要讲究食谱的科学性。因此，哺乳期间不可偏食。但是，要避免分娩后马上开始猪蹄汤、鲫鱼汤等高蛋白高脂肪饮食，这样会使初乳过分浓稠，引起排乳不畅，分娩后的第一周内食物宜清淡，应以低蛋白、低脂肪的流质为主。此后可适当增加营养，可根据个人口味、平时习惯，适当多吃一些促进乳汁分泌的食物。

另外，哺乳期女性还要注意避免摄食过多导致身体肥胖。一些肥胖女性的乳房看似奶水很多，其实都是脂肪。乳房脂肪过多可不是什么好事，可能会导致乳腺堵塞，乳汁流通不畅。并且对妈妈以后的身材恢复也会有一定的困难。餐饮中尽量把浮油去掉。

4. 每次充分哺乳后，挤净乳房内的余奶

妈妈在每次充分哺乳后应挤净乳房内的余奶，因为每次哺乳后进行乳房排空能使乳腺导管始终保持通畅，乳汁的分泌排出就不会受阻。而且乳汁排空后乳房内张力降低，乳房局部血液供应好，也避免了乳导管内过高的压力对乳腺细胞和肌细胞的损伤，从而有利于泌乳和喷乳。

5. 进行适当的乳房护理

妈妈可以在每次哺乳前，用湿热毛巾覆盖在左右乳房，两手掌心按住乳头乳晕，顺时针或逆时针方向轻轻按揉15分钟，通过乳房的按摩能促进催乳素和催产素的分泌，这样可以帮助妈妈的乳汁进入乳窦，促使下奶及减轻乳胀。

★育儿小贴士

催乳食谱推荐

给妈妈推荐一种很好催乳食谱——猪蹄金针菜汤

原料：猪蹄一对（约750克），金针菜100克，冰糖30克。

做法：

1. 将金针菜用温水浸泡半小时，去蒂头，换水洗净，切成小段。

2. 把猪蹄洗净，用刀斩成小块；放入砂锅内，加清水适量，旺火煮沸；再加入金针菜及冰糖，用文火炖至猪蹄烂时即可。

效果：

此汤具有养血生精、壮骨益骨、催奶泌乳的功效，对产妇乳汁分泌有良好的促进作用。

"留守儿童"里有没有你的孩子

让我们先来看看2013年4月17日登在《济南时报》上的一则新闻：

半年多时间，长清区归德镇、孝里镇、文昌街道办事处等地先后发生多起入室盗窃案，给周围居民造成了一定的恐慌。

当地警方成立专案组，开展侦查，最终，将犯罪嫌疑人锁定为归德镇的李某华、李某虎、马某凯3名留守少年。归案后，三人供述，自去年以来，他们先后在长清和齐河等地入室盗窃32起，涉案价值8万余元。

记者在采访中了解到，李某华、李某虎、马某凯分别为16岁、15岁、14岁。三个孩子自小由爷爷奶奶监护，加之父母在外打工，无法顾及孩子的教育问题，从小便养成了娇生惯养的习气。初中辍学后，三人四处闲逛，常常不回家，家长对此不管不问。一次偶然机会，他们在街上相互结识，从此称兄道弟，一起吃喝玩乐。没钱花了，他们就问家里要，家里不给，他们便开始偷盗……

这条新闻再次把我们的目光引向了留守儿童这个弱势群体。所谓"留守儿童"是指父母双方或一方外出到城市打工，而自己留在农村生活的孩子们。这些孩子正处于成长发育的关键时期，他们无法享受到父母在思想认识及价值观念上的引导和帮助，成长中缺少了父母情感上的关注和呵护，因此，极易产生认识、价值上的偏离和个性、心理发展的异常，走上犯罪道路也就不足为怪了。

其实，不止农村，城市里也存在着"留守儿童"。城市的巨大生存压力，让很多妈妈总是在马不停蹄地工作，在太阳还没出来的时候就离开了家，在月亮的微光中拖着疲惫的身子回家。有时候一星期也跟孩子见不上一面，更别说养育孩子了。还有一些女性为了争取自己在社会上的地位，为了自己的事业拼命工作。将事业的成功作为衡量自己身价值的标准，完全忘记了自己还是一个孩子的妈妈。

不过，与其说这是社会的一种悲哀，不如让我们深思：父母挣钱到底是为了谁？还不是为了能让孩子们过上幸福的生活？特别是妈妈，女人人生的成败难道是由事业这一标杆来衡量？其实不然，婚姻是否幸福、家庭是否和睦、孩子是否成才、人际关系是否融洽，这些也同样是衡量成功人生的重要指标。更何况教育孩子、关爱孩子与事业发展并不是水火不容的关系。

如果能想明白这些的话，就应该转变自己的观念，在孩子需要你的时候，懂得给孩子营造一个温暖的家，让童年的孩子不要生活在寒冷和阴暗中。连续6次荣获"全美50位最有影响力的商界女性"之一的钟彬娴女士，就是这样一位好妈妈。

钟彬娴，是美国雅芳公司成立117年以来所产生的第一位女性"一把手"，事业的成功不言而喻，而作为妈妈，她同样也是成功的。

一天，她接到两份不同的邀请，一份是发自白宫，美国总统布什要召见她；一份是来自学校，去陪自己的女儿参加一场比赛。面对两个都很重要但又不能同时去参加的邀请，钟女士没有多加考虑，她毅然地放弃了前者，选择了后者。

媒体问她为什么选择到学校去陪伴女儿参加活动，钟女士的解释是：今日不去见总统，今后还有的是机会。而对于女儿来说，什么时候都不能让她失望，不能让女儿为此事而抱怨自己，那样就会使自己后悔一辈子。

这就是一位西方工商界成功女性对待子女的态度和做法，她不仅看重自己的事业，而且看重自己的家庭，看重自己的子女，尽力追求事业的发展与家庭的平衡。

然而，现实生活中，很多妈妈总以事业为借口，甚至还有一些所谓的"女强人"，总是喜欢公开说什么"自己不是一个好母亲"之类的道歉话语。看似深情，实则开脱！一个连子女都教育不好、对自己的孩子付出十分有限的人谈何"成功"？作为现代社会中的女性要时刻记得：事业仅仅是人生的一部分，人生更重要的事情莫过于对子女的教育，没有什么工作比做妈妈更有价值。

不过，说起来容易，做起来难，那么，妈妈们怎么把教育孩子跟自己的事业平衡起来呢？

让"妈妈"成为你的职业优势

女人做了妈妈，往往会更加有责任心，更宽容，更容易沟通，情绪也更稳定，这种种的优点足以让人从容面对很多困难，是人生不可多得的财富，如果你能把这些作为职业上的优势，来换取更充裕的时间照顾孩子，又何愁不能事业教子两不误呢？

下面这个妈妈就做得很好：

马佳生宝宝前一直做销售，业绩还不错。但当她生完孩子回到工作岗位上时，发现自己再也无法适应这份工作了，经常性的出差几乎让儿子忘了妈妈，照顾儿子就更加是痴心妄想。

当她正在不知如何是好的时候，由她负责销售给客户的机器设备出了问题，客户服务部的同事与客户吵得一塌糊涂，甚至决定要对簿公堂。马佳由于与对方的经理比较熟，被委托做最后的沟通，没想到马佳仔细听完客户的申诉，并用极大的耐心分析解释后，客户居然同意可以进一步协调解决，但条件是只与马佳谈，因为她比较好沟通。这件事给了马佳一个契机，后来她申请正式调入客服部，专门解决客户与公司的矛盾与分歧。这份工作非常适合现在的她，可以不用为出差发愁了，每天都能见到宝宝的快乐让她在公司里总是神采飞扬的。

马佳虽然是无意中发现自己的潜质的，但这确实为重返职场的妈妈们提供了一个思路。如果你也能发挥作为妈妈的优势，尝试一下适合妈妈做的职位，这会让自己更得心应手。

打造高质量的亲子时光

在和孩子相处的过程中，最主要的是"质"而不是"量"。你虽然不能一天到晚地陪伴孩子，注视孩子的一举一动，但完全可以让孩子感受到母爱无处不在。这就需要你把与孩子在一起的宝贵时间，打造成高质量的亲子时光。

一位职场妈妈分享了她的成功经验：

点点说我是"周末妈妈"，因为我只有周末才能跟点点在一起，想到这个我就非常遗憾，因为陪伴孩子的时间太少。为了不跟点点太生疏，我每天都会打一小时电话，听点点说他今天看了什么书，吃了什么东西。都是一些非常琐碎的事情，但是我听得非常认真，且热情地回应着点点。一个小时的电话成为我和点点之间的约定，每次我一打电话，就听见电话那头点点快乐的笑声。

因为只能周末见面，所以周末我绝不安排其他事情，工作和必要的应酬交际都在周一至周五完成，周末两天完全属于点点。我会安排很多好玩的节目，带点点去逛动物园，陪他去公园看花，晚上两个人躺在一起看喜羊羊和灰太狼。我要把五天里应该给予宝宝的时间在两天内补偿回来，不让宝宝的生活留下遗憾。

虽然一周的日程排得满满的，不过我一点都不觉得累，只要看着点点幸福的笑脸，我就会觉得自己很幸福。

可见，陪伴孩子不在时间长短，而是在有没有"专心"陪伴。即使与孩子在一起的时间很有限，但只要在这短暂的陪伴中令孩子感到高浓缩的爱，孩子也会感到满足和欢心。

现实生活中，许多妈妈由于觉得亲子时间太少，便不停地给孩子买玩具、带孩子吃好吃的、穿名贵的衣服、睡软绵绵的大床……以作为补偿。殊不知，这反而不利与亲子关系和孩子的成长。其实，在孩子成长的过程中，利用有限的时间用心地多陪伴孩子，让孩子在欢乐和纯真的氛围中健康成长，这才是送给子女的最好礼物。

心理学家研究证明，没有幸福童年的孩子会影响到他以后的发展，尤其是童年得不到母爱的孩子，很容易产生自卑的心理，这种自卑将会伴随孩子一生。所以，即使工作和孩子很难两者兼顾，但是，教育孩子的重任不能推卸，教育孩子的黄金时期不能错过。在工作和教育孩子发生冲突的情况下，妈妈再忙，也要有亲子时间，甚至应该牺牲一部分工作时间来照顾孩子。妈妈必须充分利用有限的亲子时间，尽最大努力把教育孩子这件大事做好，争取工作和教育孩子这两项事业都取得胜利。

★育儿小贴士

职场妈妈如何突破母乳喂养的难关

上班前，妈妈先储存一些母乳预备给宝宝吃。上班期间，在合适的区域（较轻松且有隐蔽性的地方）用吸奶器将乳汁吸出来，用干净的容器储存起来，作宝宝的乳汁储备。同时还应准备好奶粉，就不必过分强求纯母乳喂养了。

下面介绍下储存母乳的方法：母乳不易繁殖细菌，室温下放置3～4小时的乳汁可给宝宝直接饮用，但不要放在阳光直射或温度高的地方。如果要放置更长时间，就需要放在冰箱内，通常可冷藏48～72小时。给宝宝吃时，应浸泡在温水中加热，半小时内饮用；不要过热，以免破坏乳汁中的酶及免疫成分。需要保留时间超过5天，则应冷冻。母乳在-18℃以下的冷冻柜中可存放6个月以上。如果储存份数多，就要贴上标签，注明时间。冷冻的乳汁要给宝宝吃，得先用冷水解冻，不可在室温下自然解冻，不应用热水解冻，也不要用微波炉和炉子解冻。冷水解冻时，要不断地摇晃容器，然后用温水复温到宝宝可食的温度，在半小时内饮用。解冻后的乳汁不宜再次冷冻。

老人带孩子，贪多少失多少

很多年轻妈妈喜欢把孩子全权托付给老人，而自己继续过着潇洒的人生。例如，我们常常听到这样的对话："嗨！这年头谁还亲自喂奶，直接丢给婆婆带就好了。""讨厌，这周末不能和你们去玩了，我妈让我回家看孩子。""生命诚可贵，爱情价更高。若为自由放，两者皆可抛。哈哈，为了自由，我拒绝要小孩。如果老太太非逼我要，我只负责生，她去养。"……

还有一些妈妈，一句"我工作很忙很累"，就把孩子完全丢给了祖辈，自己做起"甩手掌柜"。

而祖辈们也大多乐于为子女效力，不仅帮忙带孩子，还包揽了孩子的教育权。但妈妈们可不要盲目乐观，因为你贪多少就会失去多少。其实每个孩子都是上天赐给妈妈最好的礼物,不要因为一些外在的原因把孩子全权托付为祖辈,而是应该用爱去关心孩子,用心去教育。否则,总有一天,你会发现,即使你得到的确实不少,金钱、地位……但失去的更多,那就是一个有着良好行为习惯的孩子和浓浓的亲情。

这可不是危言耸听,下面我们就来算算"这笔账",看后你就明白了。

让我们先来看看你"贪"了多少:

第一,为你解除了后顾之忧。

家有一老,如有一宝。忙碌的现代社会,让孩子照料问题成了许多妈妈的一块心病,有了老人的帮助,可以减轻你的后顾之忧,使你可以更加全力以赴地投入工作。

第二,为孩子营造宽松环境。

老人有丰富的生活阅历和育儿经验,对孙子辈尤其疼爱,关怀备至。老人退休后时间也比较充裕,照顾孩子更有耐心,更爱抚,责任心更强,会给孩子更多的爱,更善于为孩子出一个营造愉快、宽松的成长环境。

第三,为老人自己带来安慰和快乐。

老人最怕寂寞,儿孙围绕在老人身边,对老人来说是晚年生活中最大的安慰和快乐。同时可从孩子的成长中获得生命活力,还可以老有所为,给发挥余热提供机会。这种与孙辈玩耍游戏的天伦之乐对帮助老人保持健康的心态大有裨益。

再看看你失去了什么:

第一,孩子性格易出问题。

儿童时期恰恰是孩子求知欲强、体力和脑力活动充沛的关键时期,这个阶段需要给他们合理的智力刺激和活动力量。而祖辈因为行动不便,往往把孙辈封闭在小环境中,孩子就容易养成内向、不爱活动的习惯和生活方式。

妈妈是个上班族，无暇照顾孩子，只好把3岁的敏敏让爷爷奶奶带。爷爷是中学教师，每天在家教孩子数数、算题、识字。爷爷自豪地说："敏敏上一年级也肯定是个'尖子生'。但却不太注意孩子动作的发展以及和小朋友的交往等问题。直到孩子进了幼儿园，问题出现了，孩子不会上楼梯，不敢滑滑梯，不会跑步，不会和小朋友交往……这些问题直到现在还一直困扰着敏敏的妈妈。

除了内向懦弱，孩子依赖心重、任性霸道等性格问题也往往是隔代教育的结果。这是因为，与妈妈"严爱"孩子不同，老人爱孙子偏于"溺爱"。如果一个5岁的孩子不会自己吃饭，6岁的孩子不会系鞋带，我们几乎可以断定，他就是隔代教育出来的孩子。而对孩子的一些错误行为不加以批评和教育，孩子又会形成了霸道的习惯。

第二，孩子发展易受阻碍。

在社会飞速发展的今天，相对而言，祖辈的一些思想观念就比较陈旧，与现实标准有一定的差距，不太容易接受新事物，往往不能很快跟上社会发展和观念更新的步伐。如当孩子正兴致勃勃地"破坏"一辆玩具汽车时，祖辈会上前制止或批评。其实这正是孩子探究事务特点的创新行为的表现，而祖辈则认为，一辆完好的玩具车不可以被"破坏"的，并把孩子的这种行为当成是一种不良行为。因此，对孩子创新思维的发展必然会造成一定的阻碍。

不仅如此，其他方面也是一样。例如下面这个故事：

佳玲是一个长得很漂亮的小姑娘，惟一的"缺陷"就是牙齿上长满了黑色的斑点。佳玲的母亲埋怨是婆婆把孩子带成了这样。原来，每天晚上睡觉的时候，奶奶都给佳玲喝糖水，孩子越喝越爱喝，一来二去，牙齿上就长满了黑斑点。而佳玲的奶奶说，"别信书上的说法，小孩子的乳牙反正是要掉的，再长新的不一样白白净净吗？再说了，我小时没吃几块糖，这牙不也掉光了？"孰不知，乳牙的好坏直接影响恒牙的发育。

总体而言，一些祖辈人受教育的程度普遍偏低，知识面较窄，接受的又是几十年前的教育，而且祖辈人由于带过几个孩子，很容易觉得自己是"过来人"，"吃的盐比年轻人吃的米都多"。因此，往往用经验代替科学，这必然不利于孩子的成长发育。

第三，亲子关系易疏离。

祖辈爱孙子偏于"慈"、"宽"、"容"，很容易连妈妈对孩子的正当管教，也横加袒护与阻拦。而孩子幼小的心理又认为，谁不打他不骂他，谁事事依着他，那就是对他好。而妈妈对他的要求严，对于不合理的要求不予以满足。他就认为妈妈对他不好，不爱他，对妈妈产生抵触心理，导致孩子和妈妈之间关系疏远。

在心理咨询中心，一位妈妈诉说自己13岁的女儿性格孤僻，不爱与人交往，思维偏执、妈妈与她沟通也很困难，受到妈妈批评，就跑到爷爷奶奶那里哭诉父母的不是，或以不上学向妈妈示威。据女孩的妈妈说，孩子10岁前一直和爷爷奶奶一起生活，老人身体不好，不能经常陪孩子在户外玩耍，让孩子一个人出去又担心丢了，所以孩子的大多数时间是待在家里，加上老人又非常溺爱她，结果成了现在这样。

这就是隔代抚养的弊端，孩子受到妈妈的批评或者训斥的时候，他会去祖父母或外祖父母那里去躲避，不仅容易造成亲子关系的疏离，而且这种逃避行为，时间久了，还会造成孩子不负责任的性格。

"算"到这里，这笔账你应该清楚了吧？

当然，隔代教育并不是失败教育的代名词。成功的隔代教育，除了祖辈们提高自身修养外，妈妈们也必须明确自己才是主角，绝不可将孩子完全丢给老人。一方面是裂痕越来越大的亲子疏离，一方面是孩子教育的缺位，再加上祖辈年事已高带孩子的辛苦。年轻的妈妈们，请你们在选择隔代抚养时，切莫忘了这三个顾虑。隔代教育是可取的，但"甩手掌柜"却万万不可取。即使两地相隔较远，妈妈们也要尽量在周末或者假期将孩子接到自己身边。如果平时不易和孩子见面，那么妈妈也应该和孩子多打电话交流。抽出更多的时间与孩子一起游戏、交流，让孩子感受到来自妈妈的关爱，这样才会尽量减少隔代教育所带来的亲子有"间"。

★育儿小贴士

隔代教育的四种类型

隔代教育可以归结为四种类型：

1．过分关注型。孩子本来能自己做的，隔代家长呵护备至，代为其劳。孩子本来在正常环境下能锻炼自己的能力，结果让隔代家长们取消了。

2．过分监督型。什么事情都要督促孩子，经常检查孩子的行为。如此，造成了孩子的依赖性和惰性，以及对成年人的不信任感。

3．严厉惩罚型。这种教育方法因循了中国传统的教育理念，对孩子的批评多于鼓励，责罚多于奖励。使孩子产生了严重的自卑、自闭心理。

4．民主、温暖和理解型。这是值得赞同的隔代教育方式，隔代家长中也有人在采用这种方法，只是数量很少。

"机器"带孩子，靠谱吗

如果你在网络上搜索"婴幼儿商品"，立刻就会出现一堆高科技产品：可以时刻看到婴儿的动向的婴儿监控器、可以声光安抚哄孩子睡觉的"小海马"、可以模拟爸爸妈妈的怀抱的电动摇篮……各种新式的育儿"机器"让人看得眼花缭乱，让人感觉，这些产品已经能够替代人工，帮助妈妈们照料宝宝。

然而，让这些冷冰冰的"机器"带孩子，真的靠谱吗？

"八五后"丝丝是位准妈妈，离着宝宝的预产期还有3个月的时候，她的老公小朱就买了一大堆高科技产品，比如安抚奶嘴、吸鼻器、奶嘴式的体温计、电动摇篮、踢被提醒器，做好了迎接即将出生的小生命的准备。丝丝说，老公已经研究过这些东西该如何使用，拍着胸脯跟她说，"不用爸妈帮忙照顾小孩了"。

不过，孩子出生后不久，她就叫苦不迭了，并把孩子的外婆请了回来。原来，安抚奶嘴宝宝完全不爱，吸鼻器一直到现在都没用上，像电动摇篮吧，看着很好，可是孩子哪能那么老实地坐在里面啊，而当初为了避免洗澡时手忙脚乱的水温计也没有派上用场：为了兑一盆据说最适合新生儿的37摄氏度的洗澡水，一会儿加热水一会儿加冷水，折腾了大半天。后来还是外婆出马，用手腕试水温就行。

最后，她以过来人的经验在网络上向大家分享了她的这段经历，并总结了六字真言——"少跟风少囤货。"

随着越来越多 80 后、90 后新妈妈的产生，崇尚高科技的她们更倾向于用电子产品来辅助育儿，孩子不肯睡觉了，有催眠玩具帮忙；孩子吵闹了，给他个手机就安静了……其实，这有没有效果的事儿，还可以先放一边，但对孩子的影响问题却不能忽视。因为过多地将妈妈的责任推卸给电子产品，不仅会损害孩子的身体健康，还可能会造成孩子的交流障碍以及注意力障碍。

影响孩子大脑发育

现实生活中，不少妈妈因为工作及生活的忙碌，无暇照顾小孩，就直接放任孩子看电视、玩电脑或者 iPad，也许在他们看来，电脑能使自己的孩子在走向科技世界的起点上抢先一步。殊不知，对孩子而言，要缩短使用电子设备的时间，才有益于孩子的大脑发育。美国的一项研究就显示，1 岁至 3 岁间经常看电视的孩子，到 7 岁时注意力出现问题的几率明显高于幼儿时期看电视较少的孩子。

其实，孩子的大脑需要在真实的环境下，才能健康地发育。比如学爬行、走障碍等活动不仅能锻炼宝宝的身体，更多的是让他在立体环境中感知真实的三维空间。孩子需要触碰、感觉、观察和移动真实事物，用对真实世界的基本了解，训练他们的神经和认知系统。

因此，与其将孩子扔给 iPad 来教育，年轻的妈妈们还不如从小培养孩子阅读书籍的习惯。几个月的宝宝就可以和妈妈一起参加亲子阅读了，1 岁半的宝宝，可以自己翻阅图画书……除了阅读，妈妈还应该多带孩子进行户外活动，让孩子多亲近自然，热爱自然，这些对于孩子的智力开发都是有益无害的，而且孩子还能在大自然中锻炼出健康的体魄。

影响孩子的视力水平

更多幼儿加入到"屏幕宝宝"的行列，带来的最突出问题就是视力下降。

王女士的女儿今年刚刚 2 岁半，可不久前，在幼儿园的入学体检时，医生却告知她，她的孩子有近视情况。对此，王女士百思不得其解，这么小的孩子怎么会近视呢？"你平时是不是有给孩子玩手机或是玩电脑的习惯？"医生的一句话点醒了王女士。平时，一遇到女儿吵闹，她就会拿出自己的手机来哄孩子。手机里的游戏、音乐总能第一时间吸引住孩子的注意力。久而久之，手机也就成了王女士哄女儿的"法宝"。

这并不是个案，由于妈妈工作忙、认为孩子在室内活动比较安全等原因，相当一部分孩子的室外活动较少，很多孩子通过看电视、玩电脑、玩手机游戏等打发时间。而长时间用电子产品玩游戏，尤其是用屏幕较小的手机，很容易使视力发育不完善的儿童视疲劳。孩子眼球长时间不间断地追随注视，时间一长就会造成"肌性视疲劳"。由于目标色彩大小不同，眼球也要快速不断地调整，易引起"调节性视疲劳"，导致近视的出现。

对此，英国心理学家及儿童健康问题专家埃里克·西格曼的建议是："儿童至少在 3 岁前不应该看电视；3 岁至 7 岁的孩子每天看电视以及使用各种电子设备的时间应该在 0.5 小时至 1 小时之间；7 岁至 12 岁孩子可以延长到 1 小时；12 岁至 15 岁不超过 1.5 小时。"

影响孩子的心理健康

许多心理教育和医务工作者都在实践中发现，使用电子产品过多的孩子，控制能力差、注意力不集中；对环境刺激的敏感性低；自我控制水平低；意志力薄弱；且易情绪不稳；甚至还有导致多动症和抽动秽语综合征的可能。

欢欢的爸爸是外科医生，经常在医院加班，工作非常忙，所以，照看欢欢的重任就主要落在妈妈的肩上。妈妈是公务员，朝九晚五地工作，白天欢欢在幼儿园上学，下午放学后妈妈来把她接回家，可是，晚上回家吃完饭后，妈妈总是和几个阿姨约在一起打麻将，没有时间陪欢欢玩，所以，她总是让欢欢自己在家看电视。欢欢每天晚上都会坐在沙发上看电视，一直看到睡着，等妈妈回来再把她抱到床上脱衣服睡觉。慢慢的，欢欢与妈妈接触越来越少，她也越来越自闭，经常一回家就坐在沙发上看电视，家里似乎只有电视机和她最亲近，妈妈看孩子自己看电视也不再阻拦她打麻将，就随她去了，可是，年仅5岁的欢欢眼睛就近视了，而且还患上了自闭症。

这些，其实主要归咎于妈妈的不负责任！每个孩子都需要一种被爱的感觉，这是一个孩子日后乐观、自信、积极的动力，也是一个孩子安全感和归宿感加强的动力。而妈妈的陪伴，无疑是最好的方式。一个公务员妈妈如果不能为孩子付出必要的时间，那她教育孩子的结果，恐怕不如一个陪伴在孩子左右的没有多少文化的妈妈。

妈妈是孩子童年美感、爱和安全的源头。每当你抱起你的婴儿，每当你为他换尿布，替他洗澡，给他喂食，对他微笑，他就会感到他是属于你的，同时你也是属于他的。除了妈妈，世界上任何其他人，无论怎样富于技巧，都不能给他那种感觉。所以，妈妈们一定要记住，尤其是那些忙着工作忙着玩的妈妈，孩子真正在乎的，是妈妈能花多少时间来照顾他，来和他玩。让机器带孩子，永远也比不上妈妈和孩子之间哪怕是随意的玩耍，这对孩子智力和感情上的良性刺激要丰富得多。

当然，我们也没有必要把所有高科技育婴产品，都当成洪水猛兽。如果它们能让新手妈妈更容易上手，分担照顾的压力，在经济条件允许的情况下，我们可以让机器增加育儿的乐趣；如果它们能让孩子更加快乐，丰富知识，在经济条件允许的情况下，我们也不杜绝对"新科技"的利用。例如，3岁以上的孩子已经可以开始接触电脑了，妈妈可以自己摄录的各种家庭照片、短片，大人孩子一起欣赏，就会觉得其乐融融，只是上网冲浪、游戏等内容，还是应该杜绝；上学后，随着现代教学课程的多媒体化，孩子有了越来越多接触电脑的机会，此时，父母可以允许孩子用电脑完成作业；游戏则要先经过父母的筛选，提早帮孩子树立是非观念，提高对不良事物的"免疫能力"。而且，还要注意对孩子的游戏时间进行强制性限定，以保证他们的休息和户外活动时间。不妨每天限定几个可以玩的时间段，每次不超过半小时，同时让他养成用电脑10～20分钟，就休息一下，望望远处的习惯。不过，所有这一切都有一个前提不能忘记，那就是——妈妈的爱无法代替。

★育儿小贴士

指导宝宝聪明看电视

现代生活中几乎没有一个孩子可以避开各种传媒的影响，尤其是电视，在很多妈妈还没有意识到的时候，孩子就已经感受到了电视的魅力。这时，妈妈们也不必过分紧张，你可以正确指导，让宝宝聪明看电视。

原则一：对节目内容进行筛选。

成人的节目多数都有丰富的声光刺激效果，而且步调很快，并不适合孩子观看，你可以选择特别针对婴幼儿设计的节目，以降低看电视对宝宝带来的不良影响。

原则二：订定明确规范并共同遵守。

例如，每次看电视的时间不超过20分钟，看电视时应该与电视保持一定的距离，吃饭时间一定不能看电视等。这些规范家长务必共同遵守，因为通常大人看电视，小孩也会跟着看，所以，若要避免孩子沉迷电视，最好的方法就是大人跟着孩子共同遵守，帮助孩子建立正确的收视习惯与态度，让孩子也能从看电视中获得益处。

原则三：陪着宝宝一起看。

电视也并非全无好处，作为中介，它可以拓宽宝宝的知识面，让他们更好地与社会联系起来。不过，千万别让电视成为宝宝的保姆，妈妈陪同宝宝一起看电视是非常重要的，这么做不仅能增进亲子互动，你也可以透通过观察宝宝的反应，了解这些内容对宝宝的影响，甚至可以利用某些剧情来协助宝宝学习，看完之后，还可以针对内容进行互动，增加亲子之间的话题。另外，家长可以借由这些节目，了解孩子的发展和现阶段的需求，并将这些概念应用在日常生活中，调整自己的步调配合孩子的发展。

金钱的温度代替不了妈妈的温度

许多妈妈，尤其是工作忙碌的妈妈，觉得没有给孩子太多时间是一种亏欠。于是，在钱上就格外大方，能满足的尽可能的满足，能给予的无条件给予。把金钱上的宽松当作对孩子的补偿，把经济上的富裕当作给孩子心灵上的慰藉。

不过，金钱的温度真的可以代替妈妈的温度吗？

如果你去问问孩子，他们一定会给你一个否定的答案。

因为当他们孤单时，需要的是朋友，是身边有人陪，是正确的指导与帮助，这些给予比几百元几千元钱更有意义。当他们受伤时，温暖的话语和慈爱的眼神，比给他们高档消费品更能帮他们走出伤痛；当他们一个人饥饿时，一声问候，一盒热便当，比几百元的独自大餐更能温暖他们的心；当他们学习成绩下滑时，陪他们聊天，用心沟通，找到问题点，安排个好老师，比给他们多少辅导书，上任何一所高档培训班更能有帮助……真正的爱是用行动来诠释的，它或许一分钱都不曾花，却可以开出绮丽的爱之花朵。所以，那些以"工作忙"、"加班"、"挣钱"、"为了以后更好的生活"等为理由而不能陪伴孩子的妈妈们，请不要再掉进繁忙的陷阱了，否则爱将被曲解，教育的方向将与美好的愿望相背离。

亮亮今年读初二了，他是家里唯一的孩子。从小妈妈就对他寄予了无限的希望，他也没有让妈妈失望。自从上学以来，他就一直是班里最优秀的学生。但是他却一点也不快乐。在他看来，自己就是妈妈实现理想的机器，妈妈也根本不爱自己。

亮亮的妈妈年轻时因为家里贫困没有机会接受好的教育，于是便把全部希望都寄托在了孩子身上。每天辛苦地工作，努力地赚钱，把亮亮送进最好的学校学习。而且为了弥补对孩子时间上的亏欠，妈妈在其他用钱的方面也非常大方。例如，别的孩子有什么，就给亮亮也买什么，别的孩子没有的东西，亮亮也应有尽有，以至于亮亮都说不出自己还有什么没吃过的东西，没用过的东西了。

在妈妈看来，自己的辛苦是值得的，亮亮一直都成绩很好。可她看不到的是，亮亮在自己的日记里却这样写道，"妈妈这是爱我吗？她爱得我想去死。如果可以，我真的想把自己这条命还给她。"

不可否认，妈妈是爱他的，她希望能通过自己奋斗得来的金钱，让孩子过上更好的生活。但过度以物质的方式来代替爱的补偿，显然不是一种好方法。这会让孩子误以为，父母最看重的是钱，不是自己。与此同时，他们也会不自觉地把物质看做是至高无上的，从而会在心中形成一种扭曲的认识。

其实，孩子需要的并不是一台"赚钱机器"，而是妈妈的爱与理解。虽然说一个家庭的经济能力也很重要，但如果因为赚钱而影响到了孩子的健康，那就太不值得了。因为钱是赚不完的，而孩子只能成长一次，错过了就是孩子与妈妈一辈子的遗憾。

但是，妈妈的忙碌和孩子对母爱的需求，这两者之间的矛盾就真的不可调和吗？

并不是这样的。只要你永远都把满足孩子的情感需求放在第一位，那么，孩子一样可以感受到来自妈妈的温暖。你可以从以下几个方面做起：

事先讲明

孩子的成长最需要的是妈妈的陪伴，尤其是在孩子幼小的时候，通过朝夕相处的陪伴、日复一日的交流，孩子与妈妈建立起亲密的依恋，建立起安全感，这是孩子健康成长最重要的基础。如果你工作真的很忙，在不能陪伴孩子的时候最好先跟孩子讲明，告诉孩子自己现在正在忙些什么事情。例如，你不妨告诉孩子："妈妈真的好想陪你一起做游戏，一起读书，一起散步，可妈妈有非常重要的事情去做，等妈妈忙完后，咱们一起去玩好吗？"这样做，可以让孩子知道，无论何时妈妈都在惦记着他。哪怕他睡着了，第二天也要告诉他，妈妈看你睡得好熟就没打扰，但妈妈真的很爱你。

与孩子保持联系

通过电话或是录音的方式跟孩子沟通，是增进亲子感情的保鲜剂，能让孩子感受到妈妈五十无处不在的关注和爱抚。

其实，没有哪个妈妈愿意和孩子分离，如果出于客观原因，必须要和孩子经常分离，就要想办法降低孩子在感情上的失落，与孩子保持联系就是一个好办法。比如在早出晚归没机会与孩子交谈时用小纸条给孩子留言，出差在外时给孩子写信、打电话，把陪孩子一起做某件他感兴趣的事作为一个重要事项安排进自己的时间表，在孩子有问题时给他以关怀和指导……总之，要让孩子感觉到你对他的重视和关心，感觉到你永远是他坚强的后盾。这样，你一样可以成为孩子心目中最重要、最值得信赖的人。

鼓励代替奖励

一位妈妈抱怨道："我的孩子上初一。为了能让他好好学习，我们制定了一个奖励制度：平时小考90分以上，奖10元；前10名，(奖)50元；进入前5名，(奖)100元。开始还真管用，他一回家就看书、温习功课。可时间一长，孩子明显出现厌倦学习的情绪。我们只好加码(钱)，但看来效果不大……愁死我们了！"

其实，很多妈妈都有类似的困惑：动辄给孩子金钱、物质的许愿和奖励，开始的确有效，但慢慢地就不尽人意，甚至起到相反的作用，导致孩子对物质利益的过分追求，发展到孩子把学习作为交换奖赏的筹码。

奖赏之所以不灵验，是因为如果让孩子养成为了获得奖赏才去努力学习的习惯，孩子就体会不到出色完成一项工作之后的激动与兴奋，单纯的求知的快乐可能会逐渐降低。而对于任何事情来说，兴趣才是更大更持久的动力，一旦失去了兴趣，做事的动机就会大大下降。而且，一味地给予物质奖励，还会使孩子的欲望越来越大，沾染上自私自利和功利主义的毛病，滋生只图享受的心理，养成斤斤计较、讨价还价的庸俗习气。

所以，妈妈在激励孩子的时候，应该以精神鼓励代替物质奖励，如：在家人或亲友面前表扬他们，使他们产生荣誉感；低年级的孩子可以给他们戴红花、贴红旗；还可以拥抱、亲吻、口头表扬他们，或者发贺卡和奖状；如果孩子连续一段时间表现好，可以带他们去看电影、旅游等等。

千万不要有敷衍态度

一位妈妈有这样的疑惑：我把工作之余的时间都用来陪伴孩子了，为什么孩子还总说我不爱他？

其实这就要你反省一下自己陪伴孩子时的心态了——千万不要有"敷衍"的心态。如果你心不在焉地跟他对话,你把精力放在电视、音乐或其他杂事上,他们是会感觉出来的。

妈妈们不妨试试这种方法:在日历上郑重留出给孩子的时间,并告诉他:"爸爸妈妈都很忙,但和宝宝在一起是我们最快乐的时候,所以爸爸妈妈把可以跟宝宝在一起玩的时间用彩色的笔标出来,如果爸爸或妈妈没有做到,宝宝可以提醒。"一定要让孩子知道你和他在一起时有多高兴。因为对孩子来说,对他最大的肯定就是父母因为跟他们在一起而感到快乐和骄傲。一副绷紧的脸孔常常会毁了你和孩子的关系。蹲下来和他一起游戏、一起哈哈大笑。千万不要像音乐学院的考官一样让她唱个歌给你听,而是和她一起放声高唱。所有的这些小事都会给孩子的心灵留下美好的感觉,让他们知道你是多么投入、多么爱他们。

接受孩子的爱

其实,妈妈爱孩子并不是一种单纯的"给予",如果你能在给予孩子爱的同时也接受孩子的爱,这样孩子才能体会到真正的爱。例如,你给孩子做他爱吃的红烧鱼,他把他最爱吃的鱼皮夹到了你的碗里,你千万不要拒绝,不要嫌他们动作不灵活,弄得餐桌很脏,也不要觉得别扭,而应该坦然地高兴地接过来吃,并及时夸奖孩子的行为。

爱不仅意味着给予,也意味着接受。妈妈坦然地接受来自孩子的爱,这也是打动孩子心灵的一种方式。

总之,孩子是容易孤单的,并且很容易产生不安全感,他们需要人来陪,需要有人在他们彷徨无助的时候告诉他们该怎么办,而这些唯有温暖的话语、慈爱的眼神和真心的陪伴才能满足,这比给他们再多的钱都有意义。缺少了这些,即使给他们买再贵重的东西,再多的辅导书,送他们去再高档的辅导班,都不会对他们更有帮助,因为心灵上的需求是金钱买不到的。即使孩子自己在家一直到夜深,父母中途打个电话嘘寒问暖，或者晚归时从怀里给他掏出一个热乎乎的烤红薯，都比带他们去必胜客狂撮一顿更让他们觉得温暖。

★育儿小贴士

给孩子多少零花钱才合适？

其实究竟该给孩子多少零用钱，妈妈要根据自己家庭的经济状况而定。但要掌握好以下几个原则：

1．从时间上来说，你可以从孩子小学一年级开始，固定给他们一些零用钱。最好的方法是每星期的同一天，给孩子以同样数目的钱，这样可以使孩子做到心中有数。

2．给孩子的零花钱，不得超过你家的负担能力。假使孩子提出异议，你可以诚恳地告诉他："我是希望能给你多一些零花钱的，但是我们的预算有限。"这是一种比较好的办法，要比试图去说服孩子他并不是需要更多的钱好得多。

3．你给孩子的零花钱要足够支付孩子合理的开支。要把孩子的花费和需要放在心上，以便决定给他多少零花钱。这个问题，需要夫妻双方配合默契。一个家庭必须有一个人主管钱，孩子的零花钱也应由这位主管来支付，这是防止孩子乘机多要钱的办法之一，作为家庭主管也应按时支付孩子的零花钱。

《《《 中篇
如何做一个新时代的妈妈?

HAO HAO ZUOMAMA

新时代,"妈妈"不再是家庭主妇的代名词,而是更富有内涵、同时也更有压力的群体。因为年轻女性当了妈妈,除了要继续扮演职业女性的角色,还要扮演好妻子、母亲的角色,走上一条充满责任与义务、压力与追求的新时代女性的艰难之路。这对每一位年轻妈妈来讲,都是一个新的考验,是一个新的课堂,一切要从头开始。

一、妈妈不是孩子的全职保姆——走出爱的误区

中国有个传统的称谓，称带小孩的保姆叫"看(kān)孩子的"。这个"看(kān)"字，一下子勾画出今天许多年轻妈妈的形象和作用。由于我们只拥有一个孩子，许多年轻妈妈产生了惧怕心理：生了男孩怕学坏，生了女孩怕受害。因此，她们就像孩子的全职保姆一样，寸步不离地"看着"，事无巨细，什么都管。许多年轻的妈妈，自己劳累一天，还要看着孩子写作业，看着孩子洗脸洗脚，看着孩子穿衣吃饭……不知不觉，步入了爱的误区，母爱变成了三点水加一个"弱"字的"溺"爱，母爱变成了"母害"。

当然，孩子是需要照看和管教的，但不是这种"看"法。正如美国教育权威詹姆斯博士所说，处处为孩子包办代替，是个获满分的家长，但绝对不是一个合格的家长，他们的"爱"就像一面双刃刀，疼了孩子也害了孩子！

妈妈们，我们是不是应该尝试着让自己和孩子都轻松点，多一些自己和孩子的发展空间呢？

藏起一半的爱，孩子才能自立起来

如果满分是100分，那么现在的很多妈妈肯定会朝着满分努力、前进，甚至还希望创造101分的纪录。可妈妈100分的付出，在孩

子身上能收到 100 分的效果吗？显然没有，观察周围的妈妈，她们给孩子盛饭、喂饭，全然没想到养成了小家伙懒得动手甚至懒得咀嚼的习惯；因为妈妈过于细心，孩子也因此稍不如意就撇起嘴来哭；因为事事替孩子考虑好了，孩子一遇事就会指望妈妈；因为妈妈从小就是孩子最亲密的玩伴，孩子慢慢变得自私、胆小、霸道，也不合群……如此看来，妈妈们尽心尽力的爱其实完全是个错误。

其实，妈妈的爱对于孩子来说，应该就像肥料之于花朵，太少了不行，多了也不行，所以，妈妈们，为了孩子的健康成长，请藏起你们一半的爱吧。但是，藏起一半爱并不是减少一半爱，而是将爱融化在对孩子的培养中，融化在孩子一点点更自立更自觉更坚强的过程中。

把一半爱藏在"懒惰"中

一个真正疼爱孩子的妈妈应该关注的是孩子将来是否能自己应付外面的世界，而要想使孩子成功的走入外边的世界，必须从小开始培养他的自立能力。妈妈"懒"一些，便能达到这一目的。

这是因为惰性是人天性的一部分，如果妈妈过于勤快，把孩子的事情都一并包揽，就等于助长了孩子惰性的发展，剥夺了孩子自立的锻炼机会；如果妈妈能"懒"一些，孩子便会在"懒"妈妈的引导下逐步自立、自强，体验成功的欢乐，而"懒"妈妈也会从孩子的成长中得到安慰、回报，享受创造的幸福。

一位妈妈这样讲述了她做"懒妈妈"的经历：

母亲在我家小住，结果被我气走了——她抱怨道："没见过你这样的懒妈妈，咋这样对待孩子？我实在看不下去！"

其实，也难怪孩子的外婆看不惯，与现在很多妈妈相比，我的确是个"懒"妈妈：孩子一出生我就让她单独在小床上睡，没搂她睡过一晚；1 岁 4 个月时我就让她自己吃饭，不再喂她；2 岁时我就让她自己刷牙、洗脸、洗脚；3岁时我就让她自己穿衣、脱衣、系鞋带、洗手绢；4岁时我就让她单独睡一个房间，夜里自己起床解手，早上自己叠被整床；5岁自己洗澡、自己练钢琴、给大人买早餐；孩子跌倒了，我从来不扶她，而是让她自己站起来；玩具散乱了，我从来不帮她收拾，而是让她自己整理好……

不过，我做"懒"妈妈决不是为了享清闲，图自在，而是自有良苦用心。因为孩子的未来始终要靠自己去开创，让孩子勤于实践、经常锻炼，才能让孩子尽早适应将来的独立的生活。而且，实际上，"懒"妈妈比"勤"妈妈更加费心劳神，更加辛苦受累。让孩子自己做事，在许多情况下，不但不能省力，反而更加麻烦，因为孩子往往"帮倒忙"。孩子与大人分床，夜里就要多次起来给她盖被子；孩子自己吃饭，撒得到处都是，就得擦桌子、拖地板、洗衣服；孩子自己洗的手绢袜子不干净，就得全面返工，重洗一遍；孩子自己洗澡，搞得"水漫金山"，江河横流，就得"大禹治水"，抢险救灾……这样，当然没有自己直接包办代替更为快捷方便、省心省力。尽管如此，我依然坚持做个"懒"妈妈，因为我知道：授人以鱼，不如授人以渔。

这位妈妈就把自己的一半爱藏在了懒惰中。这种特殊的育儿方式，不是丢失另一半爱，而是爱得更深沉、更科学，这才是妈妈应有的真正的爱。

不过，懒也要懒得称职，最关键的一点就是要做到"身懒心不懒"。具体说来有下面几点：

首先，要和孩子"划清界限"。通过谈话诱导、实例示范、故事启发等方式，让孩子懂得劳动是光荣的，依赖别人是没有出息的，使孩子树立"自己的事情自己做"的观念，逐步形成独立做事的自觉性。

其次，要善于创造和把握教育孩子的机会。有意创设让孩子独立做事的情景，如安排孩子扫地、到邻居家借东西、去商店买日用品等，引导孩子从身边的小事做起，由易到难，循序渐进。抓住生日、儿童节、新学期开始等契机，鼓励孩子闯过难关，迈上一个新台阶。

第三，要对孩子有充分的信心和足够的耐心。孩子的潜能是很大的，就看你是否会挖掘。要坚信孩子能够学会做好一切事情，就像所有父母坚信孩子一定能够学会说话一样；不要因为孩子学做事时总出岔子、添麻烦、帮倒忙，就放弃对孩子的继续培养，就像所有父母不会因为孩子学走路时总是摔跤，就放弃继续教孩子走路一样。应对孩子多鼓励、多赞赏、多表扬，少埋怨、少指责、少批评，循循善诱，促其进步。

最后，要对孩子严格要求，持之以恒。孩子良好习惯的养成和自立能力的提高，不是一朝一夕的努力就能凑效的，切忌急于求成，操之过急。妈妈对孩子应有始终如一的引导和严格明确的要求，长期坚持，持之以恒，切忌虎头蛇尾，朝令夕改。

另外，还要关注到孩子的情绪问题，因为从百分百的爱到藏起一半爱，多少会让孩子不适应，产生情绪。要想办法让孩子扭转"父母不爱我了"的稚嫩想法。

把一半爱藏在"狠心"中

藏起一半爱，要求妈妈在孩子成长的道路上，该放手时就放手，让孩子自己去体验，自己去尝试，把你那一半的爱藏在"狠心"中，孩子才能变得更加自立，更加坚强。

曾经在小学时被评为"全国十佳少先队员"，现在在国外就读的优秀女孩黄思路，就有这样一个"狠心"的妈妈。

黄思路还不到3岁时，妈妈就把她送到了幼儿园。

第一天去幼儿园，思路也和很多孩子一样，哭着闹着要回家找妈妈。无奈，幼儿园的老师只好将思路送到家里。但妈妈并没有让思路进门，尽管她知道此时女儿对妈妈是多么依恋，但她还是十分严厉地要思路返回幼儿园。

思路在门口哭了很久，妈妈在屋里也揪心了很久。但理智又告诉她，如果这次让思路进了家门，无疑向她传递一个信息：哭闹是要挟妈妈的一种有效手段，不仅明天可以哭着从幼儿园回来，其他事情也可以用哭来达到自己的目的。于是，妈妈坚持着不让孩子进屋，狠着心说："如果你是个好孩子，就勇敢地擦干眼泪，乖乖回去，放学时妈妈高高兴兴地把你接回来；如果你要当个坏孩子，就站在这里哭，不会有人来理你的！"

思路终于妥协了，她央求妈妈送她回去。不过，这个"狠心"的妈妈又一次拒绝了女儿："不，你要自己去，妈妈去接你！"因为她知道，如果这次送思路去幼儿园，明天她还会闹着哭着返回家，由妈妈送回去。这还不会从根本上解决问题。

思路又开始大哭起来。哭了一阵，绝望的孩子又一次叩开了屋门，抽泣着说："妈妈早早来接路路……"说到这里，她早已泣不成声了。妈妈强忍住泪水，替她擦干眼泪，亲亲她的脸蛋："妈妈一定第一个去接你。"思路不知道的是，在她走后，妈妈的泪水早已流出来了。

从那以后，思路再没让妈妈送她，也再没有哭着闹着要见妈妈。不长时间，她适应了幼儿园的生活。她像小鸟一样唱着歌去，也像小鸟一样飞着回来见妈妈。

这才是有原则的爱，是理智的爱。不过，一般的妈妈是没有思路妈妈的理智的，面对着孩子的哭闹，她们往往狠不下心来，将对孩子的百般疼爱，化作对子女的百般依顺，乃至于百般溺爱。正是这种爱，贻害了孩子，甚至贻害了孩子的终生。因为美好品德与良好习惯的培养，起始于幼时，所以，面对孩子的无理哭闹，家长一定要理智，切忌感情用事，而应该从孩子的未来发展去考虑，去行事。

而且，很多时候，让孩子独立做事情，并不会让孩子产生妈妈不爱他的想法。如果是力所能及的事情，孩子反而是愿意尝试的。如果他表现出为难的情绪，妈妈先不要代替他，而是多多鼓励他，让他尽快尝试第一件事，那样他就能很顺利地独自做下一件事了。

总而言之，现在的孩子生活在一切被给予的时代。妈妈的责任绝不是如何保护孩子不受伤害，而是要教给孩子认识世界、应对各种困境的方法。所以，妈妈们，藏起一半的爱吧，既然是孩子自己的事情，就不能代替孩子决定，而要让孩子自己学会选择；不能代替孩子体验，而要让孩子自己学会品尝；不能代替孩子作总结，而要让孩子自己学会反思……不要再事无巨细地给孩子做事情了，这样，孩子才能成长。

★育儿小贴士

妈妈毁掉孩子的十一种行为

1．从孩子婴儿时期开始，就对他有求必应，要什么给什么。这样当他长大后，就会理所当然地认为：万物皆备于我。

2．当他口出污言秽语时，只是讥笑他。这样他的词汇会越来越不成体统，说出话来把人气个半死。

3．永远不对他进行精神道德教育，让他自己混到成年时再说，让他自己去决定一切。

4．避免对孩子说他犯了错误，免得孩子有时候会感到内疚。这样他将来出去偷东西，或者因为其他原因犯罪而被逮捕的时候，会感到全世界都在同他作对，他反倒成了受害者。

5．把他随手乱丢的一切东西都替他收拾好，千万不能让孩子自己动手，免得他累着。这样他会养成习惯，遇事把一切责任都推给别人。

6．不论好坏书刊，任其自看，不闻不问，更不予干涉。而家里倒是收拾得干干净净，餐具也做了彻底的清毒，但就是不管孩子的脑袋里装了多少垃圾。

7．父母经常吵架，恶言相加，根本不顾忌孩子在场。这样，将来父母感情破裂，离婚时，孩子不致于感到意外。

8．孩子要用多少零用钱都照给不误，不要让他自己干活挣钱，也别叫他节省，何如让他和父母当年一样受苦受累呢？

9．对他在饮食、起居方面的无理要求，总是姑息迁就，否则万一他生气了、着急了，那可不得了。

10．当他和邻居、老师或警察发生冲突时，家长坚定不移地站在孩子一边，让孩子知道：那些人都是对你不公平的。

11．当孩子闯了大祸以后，慎重地声明说："这点鸡毛蒜皮的小事，未免小题大做了吧？"

与"无私的母爱"唱唱反调

在我们看来，今天的孩子是幸福的，特别是20世纪80年代后的孩子们，多是独生子女，无论是生活条件还是智力开发都和过去有着天壤之别。社会、学校和家长都投入大量的心血。可是耳闻目睹的许多事情常常令我们惊讶，记得一位母亲的哭诉：说是买了18只大虾，孩子一口气吃了17个，剩下一个母亲想尝尝味道，可是孩子居然大哭起来，质问母亲：你明明知道我爱吃，为什么不给我留着？无数的事实让妈妈们不禁自问：现在的孩子到底是怎么了？为什么我们的爱换来的却是孩子的无情与麻木不仁？

其实，孩子缺乏爱心的原因很复杂，但是有一个事实是不可否认的，那就是你的"爱"出了问题。

过去许多妈妈认为母爱是无私的，妈妈为孩子的付出，是不需要回报的。不过，无私奉献的爱固然是伟大的，但是只懂辛勤耕耘而不问收获的母爱，很容易变成一种对孩子的自私的爱与可怕的溺爱。"溺爱是父母与孩子关系上最可悲的事，用这种爱培养出来的孩子不肯把心灵献一点儿给别人。"这是一位教育家的经验之谈。

从这个意义上来说，我们是不是也应该和"无私的母爱"唱唱反调了？换句话说，妈妈对孩子的爱是需要得到精神和物质的回报的。当妈妈干活累了，孩子主动去为其擦汗；当妈妈生病时，孩子到床前端水送药。一旦孩子懂得感恩、懂得回报了，妈妈的爱才是有积极意义的。

向孩子索要爱的回报

向孩子索要爱的回报，这听起来有点别扭，因为做妈妈的已经习惯对孩子的付出不计回报。不过，你要知道，妈妈给孩子提出回报的要求，并不是自私地为了自己，而是为了希望孩子长大后同他人一起愉快地合作和生活。

郭女士前几天去拜访一位朋友，发现朋友正在与儿子抢吃一块巧克力。朋友先是跟儿子讲道理，让儿子分一点儿给他。儿子不干，朋友生气了，不过最后儿子还是乖乖地分了一半给他。郭女士感到有点儿奇怪，朋友平时是不喜欢吃巧克力的人，怎么今天破例了？再说，朋友的家境富裕，也不至于缺少多买巧克力的钱。看到郭女士一头雾水，这位妈妈解释说："我不爱吃巧克力，但我想不能让孩子从小就吃独食，要让孩子从小学会回报。"

也许小孩子暂时还还不太懂得妈妈这样教她做的意义，可当妈妈一直这样坚持下去，那么他的心里就不会仅仅只有自己的感受，同样会照顾到别人的需求，会懂得怎样去爱她的爸爸妈妈，爱别人。

向孩子索要爱的回报，这并不是要孩子口头上感谢父母生育抚养之恩，而是要他们体贴、爱戴父母，愿意接受父母提出的要求和目标。例如，妈妈累了，就让孩子端杯茶来；与孩子一同上街购物，要求孩子也帮助拎一部分可以拎得动的东西。妈妈要明白地告诉孩子，爸爸妈妈也需要孩子回报一份爱。

不做默默奉献的妈妈

要让孩子爱自己，孝敬自己，就应当让孩子了解你为他、为家庭付出的辛苦。现在不少孩子不知道家里的钱是怎样得来的，只知道向妈妈要钱买这买那，认为妈妈给自己吃好的、穿好的是理所当然的；不知道妈妈是怎样一天一天地把自己养大，付出了多少汗水和心血，做出了多少自我牺牲……这样的孩子怎么能珍惜妈妈所带给自己的一切，怎么能从心底里产生对妈妈的感激和敬重，又怎么能自发地产生回报妈妈的行动呢！

所以，妈妈们，就不要在做默默奉献的妈妈了，而应该多向孩子讲述成长的故事，讲讲你为他们付出的艰辛。使孩子从小意识到自己并不是石头缝里蹦出来的，也不是山上抬来的，而是妈妈一点一点地养大的。当然妈妈在讲述时要自然，感情要真挚，不可让孩子觉得你在"居功自傲"，要让孩子体会到伟大的母爱。

一位妈妈这样分享了她的经验：

我可不做默默奉献的妈妈，我时常还会偷懒什么的。周末的早上，一定是我睡懒觉的时候，如果女儿起得早，那对不起，早饭自理。偶尔，女儿要在周末参加活动，需要我早起去送，我会拍拍她的小脑袋，发点儿"牢骚"："哎呀，为了你，妈妈又少睡了一个懒觉。"女儿呢，也会搂着我懂事地回答："那我把最好吃的糖果分几颗给你，谢谢妈妈。"

其实，没有哪一位妈妈在乎孩子的回报，但是却一定要让孩子明白，不能把妈妈的付出看成理所当然。

在这方面，孩子的爸爸也需要做些努力。例如，孩子们都很重视自己的生日，早早就在策划自己的生日怎样度过。我们很多父亲给孩子做生日很大方，花很多钱把孩子的伙伴请到酒馆开一个晚会，烛光闪闪，笑语欢歌，好不热闹。可是心细的父亲不应该忘记在给儿子切蛋糕前，告诉儿子选送一支鲜花给妈妈，感谢妈妈在这一天带他来到这个世界上。

坦然接受孩子的爱

既然育儿意味着要做出许多牺牲，好的妈妈自然会、而且也应该指望从孩子那里得到一定的回报。事实上，每一个孩子也都愿意把最宝贵的东西奉献给父母。因为一个人在被他人需要时，才能感受到自己生命的价值；一个孩子在被大人需要时，才能感受到自己幼小的生命是多么地伟大，于是感悟到一种深深的爱意。

北京国际艺术学校的副校长贺宜芳，就讲了这样一件发生在她与儿子之间的事：

那时候，贺宜芳还在北京第二毛纺厂工会工作。一天，她正在厨房做饭，6岁的儿子从幼儿园跑回来，进门就大喊："妈妈，你快来看！"

"看什么啊？"贺宜芳笑眯眯地走出来，只见儿子两只小手捧在一起，小心翼翼打开来，是一些不规则的小金属片。"这是'老坝子'（幼儿园一个男孩儿的外号）给我的银子！是他奶奶给他的，这是打戒指用的！妈，您也打个戒指吧，您就不知道打扮自己。"

孩子的话让贺宜芳一下子愣住了，看看"银子"，再看看孩子，眼睛热热的，她小心翼翼地接过"银子"，仔细收藏起来。

讲到这件事时，贺宜芳动情地说，"这个戒指我虽然没打成，可儿子的这份爱却一直温暖着我。"

对成人来说，接受孩子的爱是幸福的，快乐的；对孩子来说，给予别人爱，别人能理解、能接受、能感悟到，比接受成人的爱更快乐！但是遗憾的是：许多妈妈不懂得孩子心中还有这种爱的源泉，主动地拒绝了孩子们愿意为他们做的好事。而当这些最初的情感被磨灭了以后，再想用千言万语的道德说教去唤醒他们，就是不可能的事了。

"无私的母爱"固然伟大，但母爱所带来的危害也往往正是因为这"无私"，而培养出一些白眼狼来。谁也不希望自己的孩子成为白眼狼，一个不孝顺的人也很难在社会上立足。正因为如此，新世纪的妈妈们，就要和这"无私的母爱"唱唱反调，要求孩子给予力所能及的感情回报。这样，孩子便逐渐学会对别人的精神世界抱敏感、关心的态度，始终把别人的欢乐和疾苦放在心上，而不是只会享受别人的爱。

★育儿小贴士

有助于孩子成长的7句话

1. 我爱你

处在爱的包围中的孩子，一方面感受爱的温馨，另一方面也自觉不自觉地学会了爱的传递，爱父母、爱老人、爱他人。

2. 不要紧

鼓励孩子大胆尝试，积极参加各项有意义的活动，即使做错了事，说错了话，也不要紧。这样，孩子会变得很有主见。

3. 你真棒

常对孩子进行表扬，好处是增加孩子的自信心，保持一种积极向上的心态，勇于克服困难。

4. 别害怕

你应该常对孩子说："别害怕，有我呢"。借此鼓励孩子胆子再大一点，多上台发言，碰到老师要主动问好。

5. 再想想

现在的孩子做事常没有耐性，碰到一点儿困难就停步不前，半途而废，或者做事毛毛躁躁，丢三落四。你不妨让孩子"再想想"，借以启发孩子开动脑筋，在学习中追求完美，不留尾巴。这样可以培养孩子锲而不舍的精神。

6. 勤奋些

有一句话叫做"夸聪明不如夸勤奋"。因为"夸聪明"可能会让孩子变得骄傲，而一旦碰到挫折就会垂头丧气；"夸勤奋"则会让孩子认识到"勤能补拙"的道理。

7. 谢谢你

孩子也有自尊心，同样应该得到尊重。父母应该教会孩子在得到别人帮助时，懂得说一声"谢谢你"，并懂得回报爱心，做一个对社会感恩的人。

孩子的前途用不着你来规划

当今社会，"规划"这个词语，高频率地出现在我们的生活中，大到人生规划、职业规划、养老规划，小到每一天的饮食规划、学习规划，甚至每天要吃多少蛋白质、多少纤维，要走多少分钟的路、消耗多少卡路里热量……而对于妈妈而言，当孩子出生后，他的未来是否就在你的规划之中了？上哪个幼儿园、哪所小学，考哪个大学、学什么专业，直到未来的职业选择、择偶标准，妈妈似乎都放心不下，唯恐有所疏漏地替孩子做好万全准备。

无可否认，妈妈这样做是出于爱孩子，但这种爱是指向分离的。一个真正爱孩子的妈妈，应该是支持孩子建立起照顾自己人生的能力，将来既能够自己去争取幸福，又能够承受人生必然要经历的磨难和困苦。而且，我们能为孩子规划一辈子吗？不要说一辈子，我们能设想10年甚至20年后孩子的样子吗？谁又能预知未来？孩子，正因为他们是孩子，他们有广阔的天空，他们有无限的可能。早早规划好孩子的人生，其实是剥夺他的选择，削弱他的力量，束缚他的无限可能性。

其实仔细想想，当我们自己还是孩子的时候，是不是也常常会在私下里抱怨妈妈的霸道，可为什么一旦我们做了妈妈，却又往往会责怪孩子的任性呢，这是时代的错误吗？

不。其实孩子的世界不管在什么时代都是一样的，唯一改变了的是我们在成长中的生活逻辑。我们审视世界时已经失去了孩子那种超越功利的逻辑准则，对人生的规划和事业的选择不再依凭什么兴趣和潜能，而主要看自己所从事的一切能否换来荣誉、地位和权力，我们甚至还有意无意地把这种价值取向迁移给孩子。如果做妈妈的不是把自己做孩子的体验早早地从记忆中抹去，那么，我们就会发现，孩子的许多愿望和要求竟是那样的纯真而合理，但他们却与我们当年一样，被妈妈掐灭了一个个梦想。

所以，让一厢情愿地为孩子规划未来的时代成为过去吧，新时代的妈妈们，多听听孩子的想法吧，你的开明程度有时在某种意义上就决定了孩子的发展程度。

当然，这并不是说要孩子信马由缰、放任自流。作为妈妈，指导的责任和义务也是责无旁贷的，我们要做到是适时地引导，在他们需要时提供必要的帮助，而非全权代理。

妈妈们可以从下面几个方面考虑怎样指导孩子面对自己的未来：

倾听

关于孩子的未来，孩子自己才是最有发言权的人。我们一定得和他就未来多聊一聊，听听他有怎样的想法，看看他会对哪一方面感兴趣。在交流过程中，我们要耐心听孩子说，不要加入太多我们自己的感情色彩，别说类似于"我不喜欢"、"我想让你"这样的话。虽然，可能在大人的眼里，孩子的想法永远是幼稚的，远离现实的，但毕竟，那是孩子自己的想法，我们不能仅凭自己的喜好就直接判断孩子的梦想是不好的。而且，让孩子说出自己的想法，同时也是对孩子的尊重，尊重他作为一个独立的个体，尊重他的决定。

下面这位妈妈就深有感触：

前不久儿子写的一篇作文，给了我很大的触动："我长这么大从来没有自己的生活，出去玩妈妈给我限定时间，想学乐器妈妈让上英语课外补习班，我的全部生活都是妈妈为我安排的。如果让我写'自己的梦想'，那我就写我根本没有梦想。"

"当时看完后很生气，就把儿子的作文撕了，没想到儿子也生气地推了我一把。有很长一段时间，我都想不明白平日听话的儿子怎么会有这些想法，后来我才从他爸爸那里得知，长久以来，儿子都因为我干涉过多而不开心。那时我才想通，的确是我太忽略儿子的内心了。"

现实生活中，许多妈妈都和这位妈妈一样，热衷于扮演孩子未来规划师的角色，替他们决定一切，甚至包括理想与梦想。然而这些加诸成人社会价值观的决定，却多半是以苛求孩子能成龙成凤为前提。

也许有的妈妈要紧张了：花大价钱给孩子报的兴趣班、买的设备，他却没过两天就丢在一边；孩子放着更有就业前景的专业不选，非要报偏门冷门；妈妈费尽心力给安排的稳定工作不做，非要出国受"洋"罪……请注意，那只是我们一厢情愿的希望，家长有一些希望是很自然的，但是最好只是"希望"而已。当我们的希望与孩子的意愿相左，而把这种希望强加在孩子身上，无形中就给孩子的成长加了各种各样的条框。此时，学会尊重，倾听孩子内心的声音尤为重要。

也许有的妈妈还会说："孩子太小了，他们的选择不一定正确。"当然，尊重孩子的选择并不能保证孩子每一次选择都是正确的。在这过程中，孩子肯定会摔跟斗、走弯路，但选择的能力正是在一次次的尝试中得以提高。妈妈千万不要用"不听老人言，吃亏在眼前"的责备来剥夺孩子的选择甚至阻止孩子选择的实践。

其实，当我们的孩子向我们兴致冲冲地说出他自己的理想：卖糖的、魔术师、程序员……我们一路都应该是他最有力和最忠实的支持者，用不着觉得当一个卖糖的有多么没出息，或者当魔术师有多可笑，当编程员是一件多枯燥的事情。医生、科学家也好，教师、官员也罢，我们的希望，无非是让孩子拥有更稳定更富足的未来。在我们满怀希望的同时，也相信孩子有他自己的成长轨迹。爱他所爱，让他成为他想成为的那个人。

还需说明的是，尊重孩子的选择与孩子尊重妈妈的选择是不矛盾的。妈妈和孩子的尊重是相互的。妈妈不把自己的意志强加给孩子，并充分理解并善于听取孩子的合理主张，这实际上是为孩子树立了一个尊重他们意见的榜样，他们自然也会尊重你的合理建议。

支持

很多时候,孩子对自己的未来早有设计,只是需要妈妈充分的支持、肯定和鼓励,即从有一个初步设想到牢固树立的过程。

当然,很多妈妈也想尊重孩子的理想和追求,就是不知道该怎么支持。她们往往对孩子刚刚萌发的理想之苗,动辄苛以参天大树般的要求,这无异于拔苗助长,那么,也许孩子永远也不可能树立稳固理想。

其实,真正的支持应该建立在对孩子的充分理解和尊重的基础之上,必须以孩子的现实准备为前提,然后进行适当的启发和诱导,不是说教,不是命令,也不是趁机提条件。比如,当孩子提出以后想当律师时,你不妨这样说:"看来,当律师倒是很不错的。孩子,你说,律师为什么那么好,让那么多人都敬叹不已?不知道他小时候读书怎样?"让孩子自己去思索;或者也可以这样说:"想不到你想当律师,这个理想好!我支持。孩子,你想想,当律师需要什么才能?"总之,对孩子的理想之苗,妈妈要一点点地培养扶持,要细心浇灌滋润,不要一见小苗,就立即倾盆大雨,或者恨不得让它明天就成为一棵大树,这都是不切实际的。

下面这个妈妈就做得很好:

马凯很喜欢打羽毛球,不过他的技术却很一般。几次尝试之后,跟他一起打球的孩子都不愿意和他一起打了,他对自己也很失望,打球的时间也越来越短了。

细心的妈妈发现了孩子的情绪变化,便想到为他制定目标的方法,来帮助他学会自我激励。妈妈首先让他确立同学中几个打球打得比较好的同学,将他们作为孩子的学习和竞争的对象。马凯观看了几次他们的打球,还向他们取经。马凯可以看得出他们有些看不起自己,正是这样,马凯暗自鼓励自己一定要争气,苦练羽毛球,后来终于可以超越他们了。

这时，妈妈又向他提出了更高的目标，让他学习市里打羽毛球比较优秀的孩子，马凯在妈妈的指导下，确立了向这些孩子学习的目标，不断地鼓励自己，最终在市里的羽毛球赛中，也取得了不错的成绩。

这位妈妈的聪明之处就在于：她不是在替孩子做决定，而是协助孩子自己做决定。就像妈妈不能代替孩子婴儿时期的学步一样，妈妈的扶持，是让孩子尽快自己走，走得好。

值得提醒的是，在帮助孩子确定目标时，应该以孩子通过努力可以实现为基础，让孩子在追求目标的过程中，学会自我激励，最后达到目标。妈妈要根据孩子的实际情况和兴趣爱好，帮助孩子确立奋斗的目标，时时鼓励孩子为实现理想而努力。确立了理想，还要帮助孩子树立恰当的小目标，循序渐进，促其实现大目标。实现目标的过程，就是孩子掌握自我激励能力的过程。

也许之前我们总是替孩子做事，使他依赖心理过强。但面对孩子的未来这样的事情，我们最好鼓励他自己替自己做主。也许孩子会说"我不知道怎么做"，我们可以引导他先从自己的喜好开始说起，让他逐渐联想。而且，真正自己做了决定的孩子会非常感激妈妈的放手，也会真正认真对待自己的选择，他们知道自己要为自己的选择负责任了。

曾经是孩子的我们，是多反感父母为我们做各种各样的打算；为人父母，我们比上一辈享受了更好的物质条件和教育机会，更丰富多彩的未来在等待着下一代人去开拓，他们有理由比我们活的更精彩！

★育儿小贴士

孩子的12条心声，你中了几条？

1. 不要我要什么就满足我什么。其实有时我只是想知道我能得寸进尺到什么程度。你们过度的满足是对我的不负责，是溺爱。

2. 不要对我大喊大叫。你对我喊叫只会减少我对你的尊敬，同时也教会了我喊叫。什么事心平气和的商量，大家都好。

3. 不要总是发号施令。假如你向我提出请求，而非发出命令，平等地去沟通，我会更心甘情愿地去做事。平等是我们想要的。

4. 请履行诺言。不要对孩子承诺的事情，由于工作还是其他事情去推脱，说了就是说了不要出尔反尔。你们那样会是我更加反感。

5. 不要拿我和任何人比较。如果你认为我好于他人，有人会难过；如果你觉得我不如他人，难过的会是我。

6. 不要总是指使我。一会儿让我做这，一会儿让我做那，使我无所适从。我只有一件一件地做才会做得更好。

7. 请让我自力更生。如果万事皆由你替我完成，那么我将来永远也学不会做事。你们不能陪我一辈子，以后生活要靠我自己。

8. 不要在我面前说谎，也别要我为了你而说谎，这样会使我不再相信你的话。有什么事就说，我会理解你们的。

9. 当你犯了错，请承认错误。你的行为也会教导我承认自己的错误。人非圣贤，每个人都会犯错误，都在不断地进步。

10. 请你们也要学着换位思考。当我向你讲述我的问题时，请试着理解并帮助我，爱我就要告诉我。而不是你们的责备。

11. 请象对待朋友一样对待我。虽然我们是一家人，但这并不意味着我们不能成为朋友。真正的亲情，就要像朋友那样真诚对待。

12. 不要让我去做你自己不做的事。我永远不会做你让我做而自己却不做的事情。你们自己都不想去做的事,为什么去强迫孩子呢。请不要忘记"己不所欲,勿施于人"。

孩子的隐私 VS 妈妈的监控

提到监控,很多妈妈往往会想到网上监控、摄像头监控等等,如果让你二十四小时都生活在这些监控下,你一定会坐卧不安。可对于孩子来说,还有一种我们成人很难想到的"监控",那就是你的目光,这也是让很多孩子不快乐的主要原因。

红红是个乖孩子,但有一次竟然和妈妈发生了大冲突。原来妈妈在整理他的房间时,把一个又脏又旧的布娃娃扔了。红红知道后不依不饶地质问妈妈:"那是我的娃娃,你凭什么扔掉?以后不许乱动我的东西!"妈妈气坏了:"好啊你,天天亲你疼你,现在翅膀还没长硬就想单飞,我偏动你的东西!"一气之下把红红的旧玩具全扔了。红红哭着边捡回玩具边骂:"坏妈妈!坏妈妈!"

很多大人要求孩子不要随便翻大人的东西,孩子也是一样,不希望别人随意乱动自己的东西。然而现实生活中,很多妈妈像红红妈妈一样,打着"爱"的旗号,对孩子的生活事必躬亲、全权负责。对于妈妈来说,这是妈妈对子女的关爱,但在孩子看来,妈妈的"爱"并不是都是爱,孩子也渴望有个人的隐私和空间。

说到隐私,很多妈妈会觉得这是大人的专利,至于孩子也有隐私权就不以为然了。甚至还有妈妈会觉得，孩子在妈妈面前不应该有任何隐私，自己可以尽情进入孩子的世界、随意闯入孩子的"隐私"，甚至粗暴干涉，拆信、监听、偷看日记等。而意识到了自己的监控行为的妈妈们则又会过于好奇或担心孩子"瞒人没好事"，甚至费尽心机也要破解孩子心中的小秘密。这些观点和做法都很欠妥，孩子会因为自己的隐私受到侵犯而采取更极端的措施将其保护起来，把自己的心紧紧锁闭。这样，妈妈想了解孩子就变得更加困难了，原本和谐的亲子关系也就被妈妈破坏了。

应该承认，女人最难做的事情是"做妈妈"，给孩子自由自主，会担心他走错路做蠢事情；干涉太多，包办孩子的所有生活时空，让孩子处在自己掌控范围内，可是这又容易伤了孩子的自尊权利，甚至违法。其实，完全不必如临大敌。当我们的孩子有了自己的小秘密，做妈妈的应该高兴，因为不自觉地保护自己隐私，是孩子走向自我独立与成熟的必然反应，这是孩子成长的标志。而且，我们自己也都年轻过，我们也有过遮掩自我，保护隐私的过程，换位思考，我们也应该多给孩子自我自在成长空间，可以做他们的朋友来分享他们的秘密，而不是做一个"监视人"去任意打开他们的"隐私抽屉"。甚至，我们不仅要尊重孩子的隐私，还要教育他们保护好个人的隐私，这也是新时代妈妈教子的一项新的重要内容。

用空间换发展

其实孩子在3岁左右就开始有自己的小秘密了，而且很在意自己的小秘密。这时，如果条件允许，妈妈就应该给孩子提供属于他自己的不受打扰的房间，如果没有这个条件，你可以暂时给他一个抽屉、一个架子或院子的一部分供他使用。这对孩子的学习效率、个性成长和心理健康都非常重要。因为一个人只有在自己自由支配的时间里，没有任何压力，才可以按照自己的想法尽情地展示自己，做自己喜欢做的事。也只有那时，一个人才能体现自己真正的个性。

一个国外的妈妈给我们提供了一个很好的范例：

"如果看到孩子一个人坐在房间里，什么都没做，只是看着窗外的天空发呆，大多数妈妈肯定会认为他不会在想什么重要的事情，而我看到彼得这样，却非常想知道这个孩子到底在想什么？

"但是我没有干涉彼得。其实，不只是彼得，爱丽丝和南希在做完功课后，我也让她们回到自己的房间做自己的事情。彼得经常发一会儿呆后，就开始捣鼓一些组装品，还会掏出书来，在纸上画着什么。爱丽丝和南希则喜欢编织一些东西，有时画画玩。他们有的时候就是呆呆地坐着。但是，不管孩子们做什么我都不会去干涉，只是偶尔我会引导他们做一些事情。

"因为我相信在给孩子的自由时间里，孩子们会选择自己奋斗的方向。自由时间越多，孩子越能明白自己应该做什么。而事实也确实如此。例如彼得小时候总喜欢拆东西。上高中时，他在全国科学大会上获得了发明奖，这都是因为我给了他充足的思考时间，让他找到了自己的特长。如果只是一味地督促彼得学习功课，不要浪费时间，恐怕连彼得自己都不会发现自己有那方面的才能吧。"

孩子需要自己进行思考，塑造自己。只有给了孩子适当自由的时间，孩子才能拥有更大的创造性。

不仅如此，对孩子来说，真正需要的，不单是能安心玩耍、安心学习的个人房间，还是一个尽情发泄的隐私空间。日本女演员中村明子女士就说："我很希望自己的房间成为'能哭的地方'，仅仅是在心情不好时，或于己不利时有一个避难的场所。"可以说，妈妈为孩子设置一个这样的空间，也是保持孩子身心健康的重要条件。总之，只有"亲密有间"，家庭才能成为亲密生活的共同体，成为个性自由发展的场所。

用尊重换信任

隐私，是每个人藏在心里，不愿意告诉他人的秘密。人人都有自己的隐私，孩子也不例外。常常有忧心的妈妈说："孩子越大越不听话，不像从前那样，有什么事都和我讲。"但是如果你为了了解孩子而偷看孩子的隐私，恨不得自己是个退休大侦探，这样做只会进一步关闭了亲子之间沟通的渠道，失去了孩子的信任。

相反，当你用自己的语言和行为去赏识和尊重孩子，孩子也同样会尊重你，从而把你当成他的好朋友。当他们遇到什么事情或者心中有秘密的时候，才有可能主动向你谈起。

何婷上六年级了，她很喜欢写日记。

有一天晚饭后，她正在房间里写日记，听到有人敲门。

"谁呀？""是妈妈，我可以进来吗？""请进！"何婷一边答应，一边把日记本合起来了。

妈妈端着一杯牛奶走进来。"又在写日记啊？""是啊，你可不能偷看哦！"何婷娇嗔地"警告"妈妈。"好，妈妈不看。其实妈妈小时候也像你一样，不光要写日记，还要拿个小锁把日记本锁住，生怕别人偷看了我的日记。"妈妈摸着她的头发，顺势坐在她旁边的床上。

"那有人偷看过你的日记吗？"何婷很好奇。"没有，他们看我日记上有锁，就知道我不希望别人看我的日记，也就不看了。想想那时候挺好玩的，一把小锁，仿佛锁住了自己的快乐，呵呵。"妈妈笑着说。"我的日记里也有好多快乐。"何婷对妈妈说。"我知道，其实妈妈很希望能分享你的快乐，也包括忧愁。不过妈妈会尊重你的意愿，不会偷看你的日记的！"妈妈真诚地说。

"既然妈妈这么说，我倒愿意和你一起分享我的日记了。"就这样，妈妈既尊重了何婷的意愿和隐私，又得到了何婷的信任和爱。

用赏识和尊重换取孩子的信任，让孩子主动说出他的想法，这才是妈妈应该努力达到的效果。而且，有时孩子把你当朋友一样告诉你一些秘密，并叮嘱你保密。你应当感动于这份信任，并恪守承诺。因为只要你说出口，秘密就会长出翅膀，向着你所不希望的方向飞去。

　　记住，你越尊重孩子的隐私，你与孩子的距离也就越近。例如，当你需要进入孩子的房间时，应该敲门，并礼貌地问他："我可以进来吗？"当孩子写日记或者写信时，如果你想看，必须经过孩子的允许。你可以说："孩子，在写什么呢？妈妈可以看看吗？"当你想帮助孩子收拾房间、书桌或者书包时，最好应该让孩子知道。你应该说："让妈妈帮你收拾，你看好吗？"

　　不管大人还是孩子，我们每个人都渴望得到别人的尊重和爱，那就让我们用尊重换取尊重，用心灵赢得心灵，用爱唤起爱吧！

★育儿小贴士

妈妈"管太多"的十种信号

1. 时常在游戏时间干扰孩子。

其实只要安全有保障，最好让孩子自己应付。如果必须介入，你最好充当仲裁人的角色，而不是为孩子们提出解决方法。

2. 老是关心孩子该吃什么。

如果孩子确实食欲不振、日渐消瘦，你应该去咨询儿科医师。但如果不是，你就不必当心他该吃什么了，应该尊重孩子的意愿。

3. 与孩子的穿着"较劲"。

你要学会站在孩子的角度来考虑，而不要总是以自己的观点来看问题。

4. 干涉孩子如何做家庭作业。

建议对于二年级以上的学生，你就不要再给他的家庭作业提供过多帮助了，这会让孩子丧失自己解决问题的机会。

5. 与孩子的老师争论分数。

分数是孩子和老师之间的事情。

6. 教孩子如何比赛。

观看孩子的比赛，并鼓励孩子，但不要在意比赛中的细节问题。

7. 频繁给孩子打电话。

你没必要干涉孩子白天在学校的一言一行。

8. 要求孩子详细汇报白天情况。

除非你怀疑他出了严重问题，否则没有必要这样做。

9. 暗中查看孩子的隐私。

建议你可以在远处观察孩子，而不要妨碍孩子在生活中的体验。

10. 孩子刚几岁就选好大学。

建议你要把精力集中在现在，从选择一个当前适合孩子的幼儿园开始。

二、没有什么工作比做妈妈更有价值
——忙碌不是借口

对于职场妈妈来说，你不是不想多陪陪孩子，只是因为工作繁忙，事务众多，你可能也总是为不能给孩子更多的时间而自责、内疚。不过，这还不能成为你逃避教子任务的借口。

忙碌，可以说是这个时代的特点了，作为职场妈妈，我们每天都行色匆匆地在家庭与职场中穿梭，时间和精力成了最稀缺的资源，工作和孩子，成了最难平衡的矛盾。不过，俗话说得好："浓缩的都是精品"，其实，陪伴孩子并不在乎时间的长短。你虽然不能一天到晚地陪伴孩子，注视孩子的一举一动，但只要用心地给予孩子高质量的爱，即便时间短，也完全可以让孩子感受到母爱无处不在。而且，还有句话说得好："时间是海绵里的水，挤一挤总会有的。"越是忙碌的妈妈，越要学会把平时一些零星的空闲时间拼接起来，见缝插针地对孩子进行陪伴和教育，只要方法用得好，时间一点也不嫌少。

总之，作为一个新时代的妈妈，你必须充分利用有限的亲子时间，尽最大努力把教育孩子这件大事做好，争取工作和教育孩子这两项事业都取得胜利。而且，如果你很难两者兼顾，当工作与孩子发生冲突时，我们给你的建议是：牺牲一部分工作时间来照顾孩子。要知道，事业仅仅是人生的一部分，人生更重要的事情莫过于对子女的教育，没有什么工作比做妈妈更有价值。

职场妈妈育儿错误，看你犯了几条

首先，我们必须承认，职场妈妈们的确是非常不容易，每天既要辛勤的工作，又要完成好自己的育儿重任。不过不能因为这样，你就不注意自己的育儿知识学习。如果忽略了这个问题，你就很容易在育儿中犯下一些难以弥补的过错，而这些过错对于孩子的成长可能是非常不利的。

职场妈妈易犯哪些错误呢？在下面的内容中我们总结了四个，这四个错误可能并不是最严重的，但却是最常见的，如果你也是一名职场妈妈一定要检讨一下自己，看看自己是不是也犯了同样的错误。

你是否因为工作而对孩子感到内疚？

绝大多数上班族妈妈，由于无法长时间陪伴在子女身边，她们时常会产生出一种负罪感，又因不能如同专职妈妈那般给予子女足够的关爱，她们心中充满了愧疚之情。尤其是当孩子为阻止妈妈离开而哭闹不止时，当孩子生病或是受伤时，当孩子与保姆异常亲热却对自己视而不见时，自内心深处袭来的阵阵伤痛告诉她们，自己是一个不折不扣的罪人。

其实，这样大可不必。

首先，从孩子的学习方面来说，没有人可以武断地认定，上班族妈妈的孩子就一定会逊于专职妈妈的孩子。即使你的孩子暂时没有表现出足够的学习能力，你也完全没必要对此过于担心。因为孩子的学习能力与大脑发育程度存在一定关系，在这方面每个孩子都是各不相同的。而且，每个孩子的潜力也都有所不同，因此学习能力的显现也有快慢之分。

除非孩子在健康方面出现了问题，否则大部分孩子只要有接受知识的意识，成长到一定阶段，时机成熟时，便会在特定时期产生接受教育的需要。因此，上班族妈妈没有必要认为是自己的疏漏影响了孩子的发展，更不需要为此感到自责或愧疚。虽然发展上会存在时间上的差别，但是要知道人生就像是一场马拉松比赛，随时都有可能超越别人或是被别人超越，而你的孩子终究还是会学会语文和数学的。

其次，从孩子的身体方面来说，上班族妈妈往往也会将孩子的生病或受伤归咎于自己身上。她们认为，这完全是由于自己未能如其他妈妈一般专心照顾孩子所致，有的妈妈甚至认为，孩子之所以会病情加重，就是因为自己没能在孩子生病时在其身边悉心照料。

其实，每个孩子在成长过程中都会经历些许病痛。别人家的孩子虽然看似无病无灾，安然无恙，实际上三天两头患一次病倒也是常事。类似于流鼻涕、过敏这类小病，都是孩子身上最常见的病症，严重时经过几日住院治疗也未必会立即康复。有些孩子甚至经常因闯祸而使自己受伤流血，弄得全职妈妈每天都在心惊胆战。因此，上班族妈妈不必因孩子患有轻度感冒、发烧便过分指责自己，致使自己的心情也随之忧郁起来。此时此刻，与其埋怨自己的疏忽，不如采取有效措施，让孩子早日脱离病魔的纠缠。例如，我们可以为孩子讲讲有趣的故事或是笑话，这不但可以使他们变得开朗起来，还能够带给他们早日康复的希望与信心。

另外，值得注意的一点是：倘若妈妈在孩子面前表现出软弱、可怜、惋惜、自责的姿态，只会使孩子对你有更多耍性子的借口，或者说会留给孩子继续依赖于你的余地。而且，孩子也只会变得越来越懦弱。因此，妈妈首先要对自己的工作感到骄傲，并且在面对家人时也要始终保持着那份自信。请记住，只有全心全意地投入工作才是对家人及自己的最大鼓励。

你是否将孩子视为人生负担了？

职场妈妈同样是人，她们也有身心疲惫、累得不想动弹的时候，而此时孩子的纠缠不休只会令她们感到厌烦，甚至产生视孩子为"沉重的包袱"的感觉。即便这种心绪只是暂时性的，对于你自身和孩子来说，也会产生不利影响。

我们知道，即便是平常乐此不疲去做的事情，若在不称心之时也会变得毫无兴致可言。这还是对于自己的所好而言，若是换作自己反感之事，其情况又会如何呢？不用说，自然是敷衍了事。哪怕是自己曾喜欢过的人，若是他（她）做出令自己失望的事情或是自己对其失去了兴趣，人们往往也会抱以"眼不见为净"的态度。而如果孩子童年长期处在被忽视被厌烦的环境中，人格就会变得畏缩依赖。正因如此，妈妈绝不能视孩子为"沉重的包袱"，或认为他们的存在可有可无。

其实，虽然说抚养孩子长大的过程会令你感到疲惫，但孩子为你带来的幸福却远胜于它。例如，孩子那些需要我们付出时间的琐事，会把你从自己沉溺的世界中拉了出来。有了孩子，你必须按时接送他，就不得不走出屋子，活动一下坐僵了的筋骨，呼吸一下室外的新鲜空气；有了孩子，你每天晚上必须辅导他，就不得不离开无聊的电视或者喧闹的牌桌，和孩子一道，沉浸到学习的安静中；有了孩子，你必须带他去郊外玩耍，你的生活也因此而丰富；你陪他去学音乐、学画画，你也由此而亲近了艺术；你给他安排健康的食谱，你自己的饮食也更加健康；你为他答疑解惑，你自己也多了一分思索……孩子是我们生命的财富，我们在付出的同时，又得到更多。上帝送给我们孩子，这是他的美意，能不能享受这番美意，就是自己的事了。

当然，就经济方面而言，有了孩子以后定然要比两人生活时拮据很多，但孩子所带来的快乐与幸福一定会让你感觉这一切都很值得。出乎意料的惊喜，如同拥有整个世界般的欢乐，人生的希望与价值重现，让你陶醉其中的幸福感……相比之下，短暂的厌烦又算得了什么呢。

你是否把职业习惯用在孩子身上了？

高效是上班族在工作上的基本要求，而职场妈妈，每天都行色匆匆地在家庭与职场中穿梭，难免会把这种习惯表现在每天的日常生活中，永远都有"赶不及"的焦虑。

洋洋的学校组织同学们去春游。放学前，老师向孩子们公布了这一个好消息，并提醒大家："明天早上一定要早起，大家7:00要到学校门口集合。"

洋洋自然兴奋不已，直到晚上很晚了他还睡不着觉。结果第二天早上，他就起不来了。

妈妈怕他迟到，从五点半就开始叫他起床，一直叫到6:00他才勉强爬起来。

接着，妈妈又不停地催促他："快换衣服啊！""牙膏挤好了，快刷牙、洗脸！""蛋糕在桌子上，快吃两口。""你水壶装好了吗？没有？快点倒水！""看看看看，都6:15了！""哎，你那鞋带，鞋带没系好！""我说你快点行不行，真的要赶不上了啊！"……

当然，洋洋最后还是赶上了学校的集合时间。坐在学校的包车上，洋洋和自己的伙伴们吹起了牛皮："我今天6:00才起，可你们看我，6:35就到了，快吧？我妈把什么都想好了，倒是省了我不少事。不过，她就是唠叨了些，她要是不这么催我，我可能比这还快。"

像这样的场景，几乎每一个家庭都在上演。孩子吃饭时，要孩子快点吃；穿衣服时，要孩子快点穿；走路时，要孩子快点走；写作业时更是要孩子快点写……弄得孩子整天紧张兮兮的。其实，孩子好不容易盼到与妈妈在一起的时光，却遭来一通"快一点"的狂轰滥炸，孩子又怎么会感到亲子时光的快乐。而且，我们的催促，会让孩子不再动脑子去思考，也剥夺了他们自己决定的权利。他们就像是小木偶，我们则是他的操纵人，我们的催促就是操纵线。如果我们不放开那些"操纵线"，孩子永远都不可能自己动起来，他自然就会变得磨蹭。

另外，还有一些"女强人"妈妈，还会把命令般的语气用在孩子身上。一次和朋友聊天，她说，记得年幼之时，每当我玩完"过家家"或人偶游戏后，大多会自觉地将散落的玩具收拾妥当。但此时，只要听到妈妈一声"马上给我收拾干净"的号令，我那份"干活儿"的兴致便会随之一扫而空，因此我常常会假装没有听见她的告诫，直到妈妈气得暴跳如雷，我才会极不情愿地、磨磨蹭蹭地收拾玩具。

人的心理有时就是这么奇妙，如同那随风摇摆的芦苇一般，受周边环境的影响起伏不定，变幻莫测。有时，即使是自己原本有意去做的事情，但倘若身边有人对此指手画脚，便会打消我们的积极性，甚至还会因此产生一种叛逆心理，令我们对这件事变得反感至极。

其实，不论是大人还是小孩，都不喜欢别人对自己发号施令或指手画脚。因此，在打算与孩子共同完成某事或希望孩子处理某事时，记得要婉转地对其加以劝导，而不是采用强硬的语气发布命令，最好能够及时给予孩子适当的提醒或是建议，使孩子自觉地做出处理。

你是否把工作情绪带回家了？

由于上班族妈妈要兼顾公司工作与家务两项职责，因此时常会忙得焦头烂额。人若是长时间负担超出自己体力和能力范围的事务，难免会引发烦躁情绪。

说来也是，当身心俱疲之时却仍有堆积如山的事务等着她去处理，任谁都会感到烦躁不堪，倘若有人面对这种情况依然能够笑靥如花，那她肯定有些精神不正常。

尽管如此，但我们最好还是不要在孩子面前大发脾气，或显露出自己暴躁的一面。坏事往往会比好事给人留下的印象更为深刻，尤其是成长中的孩子，他们的特性是只会记住刺激性强烈或自己印象颇深的东西。即使你只在孩子面前发过一次脾气，孩子印象中你也是一位情绪烦躁、充满抱怨的母亲，而那种亲切、温柔的形象将荡然无存。

由于孩子年龄尚小，因此他们在思考问题时主要以自我为中心，无法考虑到周边环境因素。他们并不了解在外面辛苦工作的妈妈决不是因为不爱自己才发脾气的，更不会想到妈妈也是需要休息和"再充电"的。他们只会认为妈妈感到疲惫的缘故与自己有关，而发脾气、抱怨也是讨厌自己的表现，他们甚至还会悲观地认为自己毫无用处可言，本不该降临到这个世界上。

倘若这一天真的非常疲惫，妈妈可以将自身状态如实地讲给孩子听，告诉他自己为什么会不高兴，告诉他自己也需要休息，并尝试取得孩子的谅解。如此一来孩子便会知道，妈妈发脾气、抱怨并不是因为讨厌自己，同时也会令他学会怎样去理解、体谅妈妈。

但需要注意，无论处于何种情况下均不能使孩子对妈妈的工作产生反感。出于本能，孩子们都不希望妈妈离开自己，因此他们会认为妈妈之所以不能和自己在一起，之所以会发脾气、抱怨，都是因为妈妈需要去工作。所以，上下班时，妈妈一定要始终保持微笑，令孩子感到上班对于妈妈而言是一件非常高兴的事情，换句话说，就是要让孩子认同"上班族妈妈"的形象。如果条件允许，我们最好是将孩子带到公司，让他充分了解妈妈的工作性质，告诉他妈妈的劳动对于社会及家庭而言，其意义何等重要，使孩子自内心之中对妈妈的行为产生出敬佩之情。

★育儿小贴士

妈妈莫急,这些事宝宝不用太早会

1. 学走路

正常时间:1岁左右

婴儿骨骼中的胶质多,钙质少,骨骼柔软,下肢肌肉和保持足弓的小肌肉群发育还不完整,过早让宝贝学走路,身体的重量必然会加重脊柱和下肢的负担,时间长了容易使脊柱和下肢变形。胖孩子更不要过早学走路。

2. 骑脚踏车

正常时间:5~6岁开始

幼儿的骨骼正处于发育阶段,可塑性很强,而肌肉的力量又很弱,骑儿童车时,下肢要费很大的力。如果腿长时间处于肌肉紧张状态,同时也让下肢的骨骼长时间受力,时间一长容易形成"X"形腿,甚至有的孩子形成内八字脚,对骨骼的生长发育十分不利。

3. 学轮滑(单排)

正常时间:7岁以后才适合学单排轮滑

玩轮滑时腰部、膝盖、脚踝需要用力支撑身体,一旦用力不当,这些部位非常容易受伤。而且,由于单排轮滑需要将双腿向外侧撇,7岁以下的孩子骨骼尚未发育成熟,容易导致X形腿;7岁前可以学双排轮滑,且不适宜长时间玩轮滑。

4. 画圆

正常时间:1岁半以后开始画连续的圆圈,两岁半前圆圈封口。

孩子画圆其实是涂鸦的一种,这是孩子的自发行为。不要提前教孩子画圆以及其它图形,否则很可能会阻碍孩子的创作热情以及束缚孩子的想象力。

5. 分左右

正常时间：学龄期

5～7岁能够建立以自我为中心的左右，7岁左右可以分清站在他对面的人的左右；7～9岁能对直观、形象的事物分清左右空间关系，形成直观表象；9～12岁能够形成左右方位的抽象概念，能根据表象、记忆建立其空间关系。

过早的危害：危害谈不上，但是有浪费时间的弊端。太早教孩子分清左右，孩子只能机械记忆，如果不坚持强化，过段时间就忘了。

6. 学钢琴

正常时间：学龄（6岁以后）

过早不利于孩子手部的发育。同时，学龄前的孩子在注意力、记忆力、理解力、意志力等方面都较6岁后的孩子弱些，接受正规的钢琴教育对大多数的幼儿来说，会是一种比较大的挑战，挫败感可能远远高于成就感。

7. 学绘画技巧

正常时间：8～9岁以后

过早的危害：孩子到9岁左右，进入"视觉写实主义"阶段，这个时候孩子观察事物的视角与成人接近，此时学习绘画技巧比较适宜。如果过早教授孩子学习成人的绘画技巧，可能会阻碍孩子创作的热情，也不利于想象力的培养。

帮职场妈妈玩转时间"魔法"

对忙碌的职场妈妈来说，时间是最大的敌人。你是不是觉得每天都过着忙碌的生活，总觉得时间怎么赶都不够用？是不是期望每天能再多24个小时，把工作和家庭兼顾得更好？是不是还想再多一些自己的时间？如果确实是这样，说明你需要一份切实有效的时间管理计划。

下面，我们就教职场妈妈们怎么合理利用时间，一些看似微小的调整，也许就能让你的一天变成48小时哟！

上班前

对于忙碌的职场妈妈来说，每天清晨都像奔赴战场的急行军一样，匆忙地洗漱、准备早点，大喊大叫地催促孩子起床，慌里慌张地吃早餐。这一幕，是否也经常在你的家中上演？

早晨当然是争分夺秒的，但作为一个职场妈妈，你千万不要贪恋柔软的床。常言道："一天之计在于晨"，早晨可以说是人一天心情最好的时刻。当我们一觉醒来时，身心都得到了放松，这时再配上一点背景音乐，简直是一种无上的享受。你可不能错过和孩子一起度过这美好的时光啊，在上班之前一定要争取和孩子进行一些亲密接触和交流。

1. "肌肤之亲"很重要

肌肤之亲是让孩子感觉到妈妈关爱的最好途径。哪怕是用亲吻把孩子温柔地唤醒，一次简短的抚触，或者仅仅是用手指轻刮一下孩子脸颊，给孩子穿衣服时可在其腋下或背部挠几下，做做属于母子间的嬉闹小游戏，都能让孩子感受到妈妈的爱。

上班前和孩子亲密接触，对孩子和妈妈一天的心情都很有好处。

2. 同孩子聊聊天

和孩子聊天，应该是每天早晨都应该有的生活，尽管只是一个小时，或是几十分钟，哪怕就是几分钟也是好的。可不要小瞧这很短暂的一段时光，与孩子尽情畅聊，既是一种幸福，也是对孩子的智力开发。而且，与孩子尽情畅聊，可多为彼此创造相互了解的空间，使用孩子能够听懂的话语与之不断进行交流后，会轻而易举地了解到孩子的心理状态及存在的问题等具体情况。

3. 让"再见"简短而甜蜜

很多妈妈为了避免孩子的纠缠而偷偷离开，这种做法是不好的。因为孩子会一整天找妈妈，这种做法持续下去会使孩子形成整日找妈妈的习惯，再见到妈妈更是一刻也离不开了。妈妈应让孩子接受妈妈要离开的事实。正确的做法是——让告别简短而甜蜜。例如，每次你要离开孩子们的身边，不要说上一长串"妈妈真的会非常想念你"之类的话，你只要抱起宝宝，简短的说声"再见"，然后说明实际情况就好了。即便是孩子听不懂，也要给他讲明白妈妈离开的理由："妈妈要去上班了，如果宝宝好好玩，好好吃饭，妈妈很快就回来啦！"另外一个主意是：在你不在孩子身边，上班或出去办事的时候给孩子打电话，告诉他你在家里的某个地方给他留下了个惊喜。通电话之后，孩子会非常激动，就开始兴致勃勃地寻找你在家留下的惊喜，这样小家伙也就忘了你不在家的事实。

下班后

经过一天的奔波和忙碌，职场妈妈终于可以歇歇脚了。如果说早晨的时间与孩子短暂的相处是鼓舞激情的，那么晚上的时间就应该是精心耕耘了。把下班后的时间都留给孩子吧——关掉手机，所有公务一概拒绝，不管是多么诱人的生意——和孩子在一起你可以没有面对同事时的拘谨和严肃，可以敞开心扉，不必设防。既放松了心情，又给孩子带来了爱。

相对比较起来，晚上的时间比较集中，从下班回家到十点钟睡觉，这期间有三四个小时可以利用。在此期间，你可以这样做：

1. 大声喊着宝宝的名字进门

下班回来，有时候妈妈真的很想立刻倒在沙发上。但，你绝不想给孩子留下一个疲惫、迟钝，甚至对他漠视的印象吧。进家门前打起点精神，一边喊着孩子名字一边进门。孩子出来迎接妈妈的话，妈妈要捏捏孩子的脸蛋，抱抱他，大声地夸赞他，让他体会到妈妈的存在。

2. 和孩子一起洗澡、游戏

再忙的职场妈妈，只要下班不是太晚，都应该亲自做这件事——给孩子洗澡。无论是否有保姆，其他家人代劳。因为亲水时间也是最佳的亲子时间！如果孩子超过2岁了，就可以和孩子一起洗澡了，在水里尽情玩耍。如果孩子太小，可以在给孩子洗完澡后给孩子按摩，通常孩子会乐得咯咯笑的。

3. 和孩子一起听音乐、跳舞

如果还有时间，可以安排在洗澡前，进行一些音乐舞蹈方面的亲子游戏。打开音响，放上一段你和孩子都喜欢的节奏轻快的音乐，和孩子一起随着音乐哼哼，一起摇摆，或者拉起孩子的小手一起随意舞蹈，不仅会让孩子非常喜欢，你自己也可以借此放松锻炼呢。如果妈妈不会唱歌不会跳舞，那也没关系，只要和孩子随着音乐一起哼哼、一起扭动腰肢就可以了。同时拉起孩子的小手，并与孩子目光相对，传递妈妈的爱。

4. 发挥睡前故事的威力

孩子跟谁最亲？跟和他一起睡觉的人最亲。即使妈妈晚上并不和孩子睡在一个房间，也最好让孩子在入睡前最后看到的是你。在孩子睡前给他讲故事，这是对不能在白天陪伴孩子的最好补偿。此外，还可以给孩子唱催眠曲，让孩子在妈妈的声音中入睡。

周末

周末是职场妈妈们与孩子建立感情的最好时机，那么在周末你应该和孩子一起做些什么呢？下面这些方案就是不错的选择。

1. 赖在床上迎接周末的阳光

连日的工作怎一个"累"字了得？终于盼来了周末，给你的身心彻底放个假吧。赖在床上，和孩子一起迎接周末暖暖的阳光，在温馨又温暖的美好氛围中共度亲子好时光。

如果孩子还小，试试用枕头"打架"：把枕头扔向对方，同时翻滚着身体躲避枕头"弹药"，这游戏能锻炼宝宝的手眼反应能力和肌肉强度，并常常让宝宝乐得气喘吁吁；即使孩子大了，也没必要像赶鸭子那样赶着孩子去奔赴各种辅导班，开始一天沉重的"学习"。其实玩耍是孩子最大的学习，通过玩耍，孩子能够认知世界，获得成功的体验。而且，陪孩子一起玩儿，就像"储蓄"一家人的亲密情感，让孩子在欢乐和纯真的氛围中健康成长。在和孩子玩耍过程中，能了解孩子身上很多东西，也会更多地了解自己，通过花时间跟孩子的玩耍，可以跟孩子建立亲密的情感纽带。

2. 带着孩子们拥抱大自然

其实孩子不需要很奢华、很精致的玩具或者玩乐场所，他们的快乐来自最简单的东西：一片草坪，一朵鲜花，一片湖水。所以，不一定非得带孩子去名胜景点，哪怕是社区附近最迷你的街心公园，也是不错的周末亲子去处；也可以组织一次家庭小型野外考察，不要怕宝贝弄脏衣服，带孩子到野外收集种子，可以埋到土里，或者画下它们长大后的样子，或者收集各种树叶，拼贴成一幅漂亮的图画，或者仅仅是把纸张覆在树上，然后用蜡笔在上面均匀涂擦，把树皮的纹理拓下来，都是很好的放松、学习和亲子机会。

3. 室内场所寓教于乐

只要不是流行病多发时节，室内场所也可以考虑。这里面首推各类美术馆、博物馆、科技馆。真正寓教于乐，从小培养孩子对世界的好奇和求知欲，而且顺便家长也可以充充电，拓展拓展知识面，何乐而不为？或者，年龄大一点的孩子可以带他一起去看儿童演出，比如木偶剧，适合儿童观看的话剧、歌舞剧等。对于激发孩子的想象力，培养艺术细胞，有益处，同时也是教给孩子判别善恶，了解事物的规律；还可以带孩子去参加一些公益活动，比如探望福利院的孩子，做义工等等。这对孩子是很好的道德熏陶，有助于他更珍惜现在的幸福生活。同时也可以通过这些活动提高孩子的社交能力，实际生活能力等；又或者仅仅是带孩子去市场，让他们体会体会柴米油盐。既采购了一周的日用品，又可以教给孩子最基础的生活能力，让孩子感受到自己也能为家庭做贡献，还可以利用市场上玲琅满目的商品，训练孩子的识别和记忆能力呢。

4. 和孩子一块整理衣服、干家务

其实，周末也不一定要出去，在家中和孩子一起做做家务，也能够让孩子体会到亲子之间的乐趣，而且对妈妈本身也是一种放松。例如，整理衣服时可以请孩子在一边帮忙，还可以教孩子一起叠衣服，让孩子感觉和妈妈在一起十分温馨；或者，和孩子做一餐美味。只要孩子超过2岁了，就可让他一起来参与做饭了，可请他说出自己喜欢吃什么，并一起准备，或把部分材料当作玩具给他玩。比如，做刀削面时可以把面撕下来一点给宝宝，让他拿着面团尽情地摆弄。

长假在当今激烈竞争的社会环境里，每个人都多多少少有些压力，孩子亦如此。平时大人工作，孩子学习，很难有整块时间陪同孩子，赶上长假如果再不改善一下生活环境，大人孩子都会很累，很烦躁。

孩子需要的并不是每天擦得光亮如新的家具以及一尘不染的家，他们正需要的是能和父母在一起开开心心地玩耍。假日就是放松的时刻，长假里就应该"放纵"一下，将家务丢在一边，将心事放下，与孩子一起去"疯"。

带孩子出门旅游是最好的选择。整理行装时尽量让孩子参与，如让孩子收拾自己的玩具或随身携带的物件，从小培养孩子的独立能力。携带一些事先准备好的点心，包括孩子爱吃的食物，允许孩子改变一下吃东西的方式或食物量，不要像在家里一样严格要求。总之，只要你事先有个周全的计划，一家人在风景优美的他乡旅游，那种新鲜感，那种惬意是难以用语言来形容的。

下面的一些带小宝宝外出旅行的建议，是经过父母们实践检验的：

1. 灵活可变的计划

要是你能做到随机应变，带着孩子们旅行将会是一次绝妙的经历。太多新鲜的景致和声音会过度刺激小婴儿，大一些的孩子则会对不得不一直坐着不动或长时间地观光感到厌烦。用背带背着你的学步宝宝可以避免他制造麻烦，不过，把你的行程计划得简单些也会有所帮助。每天只计划一项主要的活动，这样你会发现在宝宝累了或饿了时，很容易进行临时的调整。

2. 挑选适合家庭旅行的目的地

最好选择一个小孩子们熟悉又能让人放松的目的地。你们可以去一处闲散的海滨度假胜地、家庭宿营地、度假村，或其他类似适合小孩子的地方。不要去那些挤满观光客、过度刺激的旅游胜地，或是没有遮荫的地方，城市观光也不适合小孩子们。住宿方面，你应该选择那些允许小孩子免费住在父母房间中的酒店，酒店还应提供免费的儿童餐，或是住宿费用中包含自助早餐。另外，还可以咨询一下是否有临时代管婴儿的服务、日托托儿所，以及其他针对儿童的服务设施。

3. 随身带好水和充足的零食

一个装有零食及水瓶的背包是任何一次旅行都必不可少的装备。

你的宝宝有可能在飞行旅程中脱水，而且他们也不可能坚持到大人正常的开饭时间。你要准备好的最佳食物包括葡萄干、香蕉、面包条、米饼、小盒装果汁、水果干，以及小盒装的干果。要随身携带婴儿湿巾，好方便给宝宝清洁。你可以在预先说好的间隔时段发给宝宝一些零食，比如，到达机场时或是每走了约50公里行程时，好让他在整个旅程中都有可以期盼的事情。

4. 经常停车休整

如果你们是开车上路，可以把整个旅程分解成几段，让你的宝宝定期有机会下车舒展一下，四处跑跑。在行李里装上一个小球，你就可以利用间歇和宝宝玩一个速战速决的扔球游戏；你还可以再带上几本硬纸板书，和宝宝一起进行安静的亲子阅读。早一些结束一天的开车旅程，这样大人和宝宝就都能够在漫长一天的奔波之后得到充分的放松休息。

5. 把安全性常记在心

随身带一个儿童安全急救包供到旅游目的地使用。如果你们是开车上路，你要确保正确安装了宝宝的汽车安全座椅，使用活动的遮阳挡板为宝宝遮挡阳光。你可以给你的宝宝穿上色彩鲜艳的衣服，这样你就很容易在人群中找到他；你还应该在宝宝的一个衣兜里放上一张写有身份信息和联系方式的小纸片，以防你们走散。

6. 准备一个百宝背囊

让宝宝享受旅行的法宝之一就是带上一个装有大量玩具、零食和水的百宝背囊。包括宝宝喜欢的玩具、游戏用具、书和一些小惊喜。把每样东西都单独包装，每过一段时间就出其不意地拿出一样来给宝宝。对于大宝宝，可以准备拼图、娃娃、手偶、色彩鲜艳的图画纸、无毒蜡笔、能粘在车窗上的贴画、故事CD和书。对于小宝宝，则可以准备一些闪亮的新玩意、婴儿安全镜、拨浪鼓、音乐玩具、柔软的小动物玩具、弹出玩具、塑料钥匙或牙胶。你要在出门前几周就开始准备旅行中要带的玩具了。

7. 做旅行预演

小孩子的适应能力是很强的，他们不太会被日常习惯的临时改变所干扰，不过之前稍稍做一些准备工作仍有助于宝宝更加享受旅行。可以给你的宝宝看一些旅行目的地的图片，并告诉他你们在那里要见什么人和做什么事。你的宝宝会从你这里得到暗示：如果你对于即将到来的未知旅程表现出兴奋和乐观的情绪，那么你的宝宝也将会以同样的态度期待它。

此外，出于工作的需要，许多职场妈妈还有经常出差的情况。在不能改变工作出差的现状下，妈妈应该尽可能多花些心思，在一定程度上改善与孩子的交流，消除对孩子的不利影响。例如，出差前一定要跟孩子有问有答地交代出自己出差的原因以及做什么去了，让孩子明白并相信，妈妈出差只是工作的一部分。在出差的日子里也要时时让孩子感觉到妈妈就在身边，因此不管多忙也要定时给孩子打电话，这对以后孩子的心理发展非常重要。但是妈妈们一定要记得，千万不要在电话中提及"去学习班了吗？""从外面回来后洗手了吗？""习题都做完了吗？"等监视性的话语，也不要用"别惹是生非！""要听奶奶的话！""妈妈回家之前把作业做完！"等命令式的语气说话，否则会适得其反。你可以问问孩子幼儿园发生的事情，谈谈自己在外地遇到的好玩的事，跟孩子讲诉自己白天的故事，也会说到住的房间、酒店的一些情况等等。对自己所在地的描述会让孩子消除很多距离感，孩子也会感受到，妈妈虽然在外地，但时刻挂念着他。

当然，要让孩子身心健康地成长，最重要的还是尽可能多地陪伴孩子。

★育儿小贴士

怎样对加班说"不"

对于职场妈妈来说,最恐怖的事情莫过于加班这件事。加班意味着有限的下班时间被大块剥夺,一旦加班,就意味着跟宝贝互动的时间彻底完了。为了宝贝,职场妈妈要学会对加班说不。

1. 一步一步来

在把加班当公司文化的公司里,拒绝加班要懂得循序渐进。你可以以宝贝的名义,告知领导,周末对于一个母亲来说,是多么的重要,慢慢争取到周末不加班;然后再争取到一个固定不加班的工作日,然后再每周随机找一天来拒绝……总之,职场妈妈要慢慢给你的领导明确的信息:你不可能随时随地答应他加班的要求。

2. 争取到一个帮手

很多时候,你直接表示不加班是很危险的,这个时候要换一种思路。不妨替自己争取到一个帮手,你就有了优先走人的机会。毕竟,多少活、用多长时间你最清楚;而你比新人多出的"母亲"身份,很容易让你在指导完他如何加班之后,先行回家。如果能按时完成任务,领导会对你在加班时的擅自早退,睁一只眼闭一只眼的。

3. 不妨请家人配合

遇到加班的时候,可以请家人配合,不断打来催下班的电话,你可以把音量适当调大,故意让同事听到家里是如何万分紧急、宝贝是如何需要自己。如此几次,你的老板心里也很清楚你的目的。但是此法,也需要根据你的老板和公司的实际情况而相应实施。不是每个领导都这么有容忍度和同情心的。

4. 提前请示当天的工作

一旦你意识到有加班的苗头,你可以先下手为强。你可以下午三四点的时候就去问，如果你下班前一刻才问，安排的工作通常会导致加班。当然，在问之前就明示自己今天不能加班。

做 SOHO 妈妈，工作育儿两不误

《妈妈忏悔录》里有这样一句话："不管当妈的做了什么，内疚感都始终陪伴着她。"

确实，如果是做全职妈妈，往往会内疚和纠结于浪费了自己辛苦获得的学历，也没有好好利用自己的天赋和所接受的专业训练在社会上自食其力，尽管我们也知道自己做全职妈妈对下一代的性格养成有不可估量的作用，可是我们每天仆人般的辛苦劳动和所取得的成果得不到任何机构的认证或奖励；如果是做上班族妈妈，往往又会内疚于没有太多时间和深爱的孩子待在一起，只能把孩子托付给别人照顾。

那么，你站在哪一方呢？

无论作出哪一种决定，做妈妈的我们都会感到内疚，这是我们必然要面对的。其实，还有一种选择——做个 SOHO 妈妈，在家工作的同时也不耽误照看孩子。

不过，选择做 SOHO 妈妈，也有一大难。因为宝宝的注意力短，耐性也不够，要求他在你工作的时候不打扰是挺为难的，并且妈妈的情绪会更易怒，往往会因为工作到一半孩子打扰而烦躁，所以建议 SOHO 妈妈一定要有帮手。

从工作选择上来说，SOHO 的方式千千万万，重要的是要依据自己的现实情况，千万不要盲目跟风。下面一些建议，妈妈们不妨

做个参考。

开个网店

在如此发达的网络时代，很多人打开电脑的第一件事就是上淘宝、京东、当当、卓越等等，看看又有啥新活动，又有啥可以淘的宝贝。淘宝可以说是我们生活中必不可少的一部分了。而不少精明妈妈便将消费经验转化为经营资源，自己开起了网店。网络小店经营不受时空限制，启动资金少，门槛低，又能增加陪伴宝宝的时间，减轻家庭经济负担，可以说是SOHO妈妈的第一选择。

昊天的妈妈就有这样的体会，她说：

为了宝贝的哺乳大计，从生完宝贝以后我就辞职了。由于有人帮忙带宝贝，所以我寻思着做点兼职。于是开了家小网店，专卖孕妇产品。

起初，因为新店信誉低，生意比较一般，我就想办法找货源，发现了一款打动许多准妈妈的听胎心筒，这款低价位的商品成了小店的明星产品，让我的店一下子成为钻石级卖家。现在我每个月的利润稳定在四五千元，生意好到不得不在家附近租房开了个工作室。现在我和母亲一起在家又带宝宝又做生意，忙点累点也值得了！

在网店类型上，SOHO妈妈们可以利用自己的优势，选择开孕妇用品、宝宝用品等的小店。因为妈妈卖家们往往有亲身经验，与买家之间易拉近距离，能结合自身经验为买家解惑，有利于销售。此外，妈妈卖家们还能在交易中结识一些志同道合的妈妈，沟通育儿经验。

不过，开网店这件事说起来容易做起来难。

首先，如果真的想把网店干好的话，真的要付出很多的精力，进货、整理、拍照、上传、推广、看店、发货这些会占去很多的时间，这还不包括遇到个别无理买家给的差评造成心理上的纠结和烦恼。而且还有个孩子要你照顾，吃、穿、用、玩、教育都要打理，如何平衡网店和孩子两者的时间就是个问题了。比如一个妈妈说她在回复买家问题时，孩子抱着她的腿正在大哭，可以想象这个场景是多么让人心酸。

其次，因为现在竞争很激烈，童装等一些商品利润很低，而且成天挂在网上也比较费时间。如果妈妈们想要开网店，建议不要为了赚钱而影响照顾宝宝，否则可能得不偿失。

搞搞小发明

在日常照顾孩子的过程中，妈妈们需要解决许许多多的小问题，你可以把这些灵光一闪的好主意、小发明转化成商品出售。

在这方面，国外就有很多成功的例子。

芝加哥一位做了18年银行工作的妈妈，辞职后当起了全职妈妈。而这使她又找到了一个全新的市场。为了教育孩子们学会理财，她设计了一套有关理财的课程，并发明了一种小猪银行，小猪有四个不同的"胃"，分别存放用于储蓄、花费、捐赠和投资的现金，卖得非常好。

还有科罗拉多州的一位英语教师，当上全职妈妈之后推出了一种名为Baby Einstein的录像带，里面有教育婴幼儿的美术品、古典音乐和诗歌。这种录像带甚至推动了全美的妈妈们制作家庭教育录影带的热潮。

洛杉矶一个自杀救助热线的咨询员，每天从半夜工作到第二天早上8点，然后在白天和小儿子一块儿玩耍。某一天，她意识到她"不能同时兼顾到工作和孩子"，便辞去了工作，当时她怀上了第二个孩子。那时婴儿背带常常弄得她腰酸背痛，于是，她重新设计了一种更舒适的婴儿背带，并开始对外出售。几个月内，不少母亲购买了这种背带。

这样的例子还有很多,既为自己和社会带来了便利,也收获了经济回报,何乐而不为?

不过,也并不是每一位妈妈都能抓住这灵光一闪的智慧而获得成功,但尝试一下也没有坏处。

做做公益事业

谁说 SOHO 一定要赚钱?其实很多时候,妈妈有工作的需要,是因为工作的快乐在女人的生活中也占着重要的一席之地!

据《家庭心理学》期刊发表过的一项研究表明,兼职的上班族妈妈在健康与心理压力方面表现最佳,胜过整天呆在家里的全职妈妈一族,在某些情况下,比全职上班族妈妈强。

文中介绍,人类发展与家庭学教授谢丽尔·比埃勒,将没有工作的妈妈与兼职(兼职时间限定很宽,每周1小时到32小时都包括在内)妈妈和全天上班(每周超过32小时)的妈妈进行了比较。"全职上班与兼职的妈妈在许多方面,在心理健康方面是没有差异的。"而且在工作与家务冲突方面,每周工作一小时的妈妈显然比一周工作32小时的妈妈要小得多。相比之下,没有工作的全职妈妈与兼职工作的妈妈的差异最显著。兼职妈妈抑郁症发生率低,健康状况良好,对他们的孩子的感受性高,能更好地把握孩儿的学习时机。这可能是职业生涯能提高人的社会技能,加深对社会事物认识。"也许这也意味着她们将从工作中汲取的经验转化成了他们的育儿经。"比埃勒说。

从这个意义上来说,SOHO 妈妈可以做的事情更多,参与"不赚钱但赚心"的社会公益事业,一方面找到了通向社会之门径,一方面有更多的时间陪伴孩子长大，还有最重要的一方面就是，你可以更健康更快乐。

★育儿小贴士

给兼职妈妈的4个提醒

1. 要善于规划时间

如何利用时间可能是兼职妈妈们最大的难题了。本来带宝贝就是一件很费时和很辛苦的工作了，如果再加上兼职的工作，你很可能会感觉到时间不够用。所以要求你要合理的利用和规划时间。

2. 请家人帮忙

在你工作的时候难免会受到宝贝的打扰。所以不妨请家人帮忙或请一个好帮手，帮你带带宝贝、做做家务等，免得到头来两者都不能兼顾。

3. 安排时间与宝贝互动

兼职妈妈最好每天安排固定的时间与宝贝进行互动。做做游戏啦！说故事啦！这样可以让亲子关系更融洽，宝贝不易对你的工作产生抵触情绪。

4. 多培养宝贝的独立性

在日常的生活中不妨多培养宝贝的独立性，让宝贝学会自己玩耍。这样不仅对宝贝的性格发展更有好处，而且还能让你有更多的工作时间！

三、别让你的无知耽误了孩子——潮妈的教子新方

每一个妈妈都希望做一个好妈妈,这是毋庸置疑的。但做个聪明睿智的好妈妈可不是那么容易的事情。你不光要把育儿知识武装到牙齿,还要懂得最先进的教育理念,别让你的无知耽误了孩子的成长,错过了教育孩子的最佳时机。怎么样?做个新时代的妈妈,你准备好了吗?

你的情商决定孩子的一生

各种研究表明,在任何领域里,情商都十分重要,甚至超过了智商。曾有一个很有名的统计,说的是在社会上成功率最高者,并不是学业成绩最靠前的,而是排名在第 10 名左右的学生。这些人一个共同的特点就是:智商不低,同时情商比较高。

那么,情商从何而来,是天生的吗?

虽然到现在,我们仍吃不准多大比例的情商是与生俱来的,但可以确定的是,比起智商来,情商更多是由后天培养的。尤其需要孩子在童年时期接受良好的情商教育。因此,妈妈作为孩子的第一任老师,对孩子情商的高低起着至关重要的作用。受到妈妈情感教育的儿童,会在人生较早的阶段就养成成功人士的高情商与成功习

惯：他们举止更得体，能在烦躁时克制自己，而且注意力更易集中，能在交往中形成友好的人际关系，学习成绩也更好。

一般来说，妈妈对孩子情商的培养，包括无意影响和有意培养两种。

无意影响：你的情商关系到孩子的情商

孩子情商的高低，与他的生长环境有很大的关系，妈妈处世的方式往往会对孩子的成长造成巨大的影响。因此，要想培养出高情商的孩子，你就要先成为高情商的妈妈。

第一，保持良好情绪。

从情商的角度而言，孩子愈打，就愈不成器。

一位妈妈向人诉苦："你说说该怎么办？这孩子我不管怎么打他、骂他，他还是那么暴躁、无礼。"

如果仔细一想，你就会发现，这还真是"有其母必有其子"呢！

要让孩子学会很好地控制自己的情绪，妈妈首先要在孩子面前保持理智，做好表率。如果妈妈遇到了不顺心的事，就忍不住发脾气、摔东西、歇斯底里，甚至拿孩子撒气。孩子从小见证妈妈"挫折——攻击"的情绪反应模式，久而久之，当然就有样学样，一不高兴也会"照方抓药"，用同样的反应模式来处理自己的情绪，因此极易形成缺乏涵养、性情暴躁，容易形成悲观的性格，失去对挫折的"抗寒"能力。

第二，与人和睦善良。

妈妈与亲人之间或与外人的沟通方式，影响孩子的人际交往。

楼道里的灯坏了，女孩的妈妈总是不声不响就给换了，也从不曾和谁说过一句恶言。妈妈的善良一直影响着女孩，直到她有了自己的家庭。结婚后，她对婆家人都是一样的好，从不在小事上斤斤计较，她的小孩得到的都是正面的爱的回报。她认为这是一种家的气质的传承。

向善的家庭培养出来的孩子，与人相处是友善的，为别人着想，也更容易得到群体的接纳与喜爱，孩子的情商和智商都能得到很好的发展和提升。如果一时做不到心平气和地沟通，那就请切记，大声的争吵一定要避开孩子。

第三，冷静处理问题。

孩子对事情的诠释，常会被妈妈的反应所影响。在压力之下保持冷静，是最好的身教。

孩子没考好，妈妈如临大敌："这下完了，我的孩子考砸了……"

此时，孩子会从妈妈这个反应里学到："完蛋了！考得这么差，就要世界末日了。"

没有妈妈作为表率，年幼的孩子如何去找到缓解压力及稳定情绪的力量？所以，面临压力的时候，示范给孩子看：你不需惊惶失措，而可以波澜不惊。

有意培养：做一个合格的情商教练

孩子的成长需要老师的引导，而妈妈是任职时间最长的老师，也是最能影响孩子的老师，能否从意志品质、自信心、人际交往、自控情绪和自我认知等方面对孩子有意识地引导和教育，会对孩子的人生产生重要的影响。

一个合格的情商教练会做以下五件事情：

第一，察觉孩子的情绪。

孩子如同成人一样，他们的情绪背后有其原因。作为妈妈，你要经常关注孩子微妙的感情波动，当发现孩子有不明来由的生气或沮丧时，不妨停下脚步来了解他们生活中发生了什么事情，并且运用一些方法来引导孩子安全地表达各种情绪。

妈妈对圆圆的坏脾气十分头疼。可是经过一段时间的留心观察后，妈妈发现，圆圆总是在大人不耐心或有恼怒表情后开始"发怒"。妈妈不禁有些醒悟，也许圆圆看到大人生气会想到他们不再爱她，所以有危机感，她或许是因恐慌而暴怒。于是，在圆圆又一次哭闹时，妈妈一反常态，和颜悦色地拥抱她，并对她说："妈妈知道你心里难过，能不能告诉妈妈为什么难过呢？"圆圆吞吞吐吐地说："我看你刚才生气，以为你不喜欢我了。""傻孩子，妈妈怎么会不喜欢你呢？刚才妈妈情绪不好，所以对你态度也就不好了。可是妈妈是喜欢你的，你要相信妈妈。"这样，以后每当圆圆想要发怒时，妈妈总是向她声明自己爱圆圆。这的确使圆圆平静了许多，她不再没完没了地"找麻烦"了。

第二，认识到情绪是融洽亲子关系和调教孩子的机会。

做好情商教练的关键在于，当孩子出现情绪时与孩子有效互动。比如，当孩子哭泣、悲伤时，可以恰当地告诉孩子："哭泣是不好的，悲伤会让人变得很丑。"再比如，当孩子在失败后还面带微笑时，告诉孩子："宝贝，你很乐观，你是最棒的！"孩子将来会面对人生的诸多曲折、难题，正确的对策是尽力去解决它。

现实生活中，一些妈妈试图忽视孩子的负面情绪，希望他们的情绪过去，但常发现效果不好。事实上，情绪的抒解需靠妈妈协助孩子澄清情绪、了解情绪，才不致使情绪扩大或恶化，而且，在这个过程中，既教育了孩子，又融洽了你们之间的亲子关系，何乐而不为呢？

第三，用同理心倾听，认可孩子的情绪感受。

大人们在日常生活中难免有些不如意，孩子也未尝不是如此，他们此刻最需要的是有人能了解他们，有人能倾听他们，有人能给予情感的接纳和支持，而不是太快、太早地提供意见，也不是一味地安抚、宽慰。妈妈应该做的是，引导孩子把压郁在心里的话说出来，即使是哭出来，也能在大程度上解决问题，别让孩子把伤痕进埋在心底，成为胸口永远的痛。然后你会发现当孩子向自己倾吐后，他们不仅在情绪上雨过天晴，在想法上找到问题的原因，而且在行动上也找到了解决的办法。

第四，帮助孩子找到表达情绪的词语。

能够表达清楚自己的感情，孩子能更好地与人交流。因此，教会孩子明白一些具体的词汇，如"失落"、"内疚"、"孤立"等，有助于你的孩子从一种混乱的恐惧感情状态中走出来，进入正常的可以说明白的生活状态。或许他就会自言自语，自我安慰："小鹏想让我忌妒他，我才不呢，我要离开这里。"

第五，引导孩子找到解决方案。

孩子一旦了解到他感情的来源所在，感情的问题也就比较容易解决了。他可能会认识到自己感觉寂寞的原因是小朋友不愿和自己玩，而不只是自己感觉"很糟"。你可以帮助孩子寻求下面的解决方案：让他给朋友打个电话，或者去拜访邻居。他下一次感到寂寞时，就可能会利用这些思想来解决问题，不再需要依靠你的帮助了。

在此我们引用高尔基的一句话："爱护自己的孩子，这是母鸡都会做的，但要教育好孩子，却是一门艺术。"给孩子的情感世界提供引导，是每个妈妈应该也必须要学会的本领，这样你才可以放心放手，让孩子带着坚定的自信和自足去面对未来生活的挑战。

★ 育儿小贴士

怎样判断宝宝情商的高低？

问题：

1. 每次学校或班里有集体活动，孩子宁愿一个人闷在家里也不愿参加吗？

2. 有了一件新玩具，孩子喜欢一个人独自玩而不愿与其他孩子一起玩吗？

3. 换了一个新环境，孩子是否感到烦躁不安或心神不定？

4. 在家或在外，当孩子的意见被否定时，他的反应是否总是愤愤不平？

5. 与家人一起做游戏时，如果孩子输了，他是否沮丧不堪不想再玩下去了？

6. 去客人家吃饭时，孩子是否像在家里一样，不征求大人的同意，菜一端上来自己夹了就吃？

7. 孩子晚上独自在家时突遇停电，他通常的反应是否会打电话找父母或跑出去找其他大人来解决？

8. 当身边的亲人生病时，孩子是否会表现出关心、焦急、难过的情绪？

9. 放学回家后，孩子会不会给你多讲他在学校中经历的快乐事而不是不高兴的事？

10. 你买了一大盒巧克力准备送礼，恰好你的孩子非常喜欢这种巧克力，但你警告他不准偷吃，孩子是否可以做到？

答案：

1、2、3、4、5、6的答案为"否"，7、8、9、10的答案为"是"。

解析：

如果你得出的结果与给出的答案一致，说明你的孩子情商发展良好；

如果你有两项以内（包括两项）问题的结果与给出的答案不一致，则说明孩子的情商尚在发展中，需要你进一步引导；

如果两项以上结果与答案不一致，说明孩子情商发展的某一方面有所不足，你就要注意对孩子情商多加培养了。

孩子的 BQ 训练，你做过吗

IQ、EQ 相信很多妈妈并不陌生，但 BQ 却是很多妈妈连听都没听过的，更别提给孩子做 BQ 训练了。

那么，什么是 BQ 呢？

BQ（体商）即运动智能，是美国哈佛大学心理学教授霍华德·加德纳提出的八大智能之一。他认为："每个正常的人与生俱来都拥有多项智力潜能"，"教育的作用在于是否使得每个人的智力潜能得到充分发展"，而运动智能是人类认知的基础。运动智能对其它智能有重要的影响，在幼儿生活中更是有着举足轻重的作用。

但遗憾的是，普遍来说，中国妈妈更注重的往往是孩子智力潜能的开发，常常把孩子送到国学班、幼儿英语、幼儿奥数等早教机构中进行学习，希望从小就给他输入大量知识。但实际上，知识掌握是可以通过很多渠道进行的，而学习能力和生活能力才是最重要的。身体素质是基础,体商的锻炼对这些能力的形成起着重要的作用。体商锻炼能提高一个人的力量、速度、耐力、平衡能力、定向能力、柔韧性、协调性、灵活性、适应性等方面的能力。因此家长在注重孩子智商、情商开发的同时，更要注重"体商"的培养。

也许会有妈妈说，蹦蹦跳跳不是孩子天性吗？还用特别训练体商吗？其实，孩子运动智能的培养，还是有一些要让妈妈们掌握的小窍门。

孩子越早参与身体锻炼，体商提高得就越快

中国传统的"月子"观念认为，新出生的宝宝都会在满 30 天后才能抱出家门，可即使如此，由于户外活动的不安全因素增多，越来越多的妈妈更愿意把孩子抱在手里、放在婴儿背带中或儿童车里面，而带孩子出游，更普遍的是选择驾车外出，孩子走、跑、跳的机会大为减少，更不用说带他们做什么运动了；在家中，婴儿床、学步车、学步带、儿童餐椅、安全防护栏等等防护设施，更是大大地限制了孩子活动自由，严重阻碍了那些有助于提升孩子健康发展的经历体验。正是因此，才导致一些孩子体质偏差。

其实，孩子参与锻炼越早，体商的提高往往也越快，长大后更可能成为体育爱好者，或运动水平较高的"体育能人"。

例如在美国，孩子一出生便开始了"锻炼"。除了特别寒冷的时候，出生仅两周的婴儿便会被抱到户外享受日光浴和空气浴，其间，妈妈还会轻柔地摇动宝宝的手臂、肩膀和腿。这对于促进宝宝身心健康发育，对他们的体商是非常重要的；而日本，孩子从小就要进行耐寒训练。每逢一年中的第一场雪，父母都会带着儿女到户外洗冷水浴。而且，整个冬天，中小学生都会穿着短裤、短裙的校服，活跃在操场上，参加各种课间活动。而且从他们的脸上看，一点也不觉得冷；在德国也是一样，虽然德国的幼儿园一般空间并不大，但是只需进行简单的改装，如增设攀爬墙、吊绳就可以满足孩子的运动需要。每个孩子都可以根据自己的能力和兴趣选择不同的游戏，在这里，所有的事情都是可能的、被允许的；再说英国，由于英国学龄前儿童超重率约为25%，于是英国政府提出抗肥胖运动计划，建议5岁以下且已学会走路的儿童每天应至少锻炼3小时，即使还不会走路，也应当每天锻炼。

其实，不分国籍，孩子都是一样的，"5岁以下儿童每天至少要步行15分钟"、"从出生时即开始身体锻炼"这些来自国外的运动建议同样适用于中国孩子。0~6岁就是他们进行体育锻炼、培养"体商"的敏感期，尤其是0~3岁，是孩子运动发育非常快的时期。孩子在这个期间，相继学会抬头、翻身、坐起、爬、行走、跑步等。作为一个新时期的中国妈妈，你一定要抓住这个最好的时期，会走路了，就让孩子多走，会跑步了，就放手让孩子到户外多跑……总之，利用一切条件来培养孩子的运动智能。

了解生长阶段的特点，为孩子提供适当地引导和促进

想要培养、提高孩子的体商,寻找合适孩子的运动方式极为重要。否则，将会适得其反。具体来说：

0~1岁：精细运动能力飞速发展

这个时期的小宝宝，面对这个强大的世界，看起来可能有些软弱无力，但同时他也在用自己的身体慢慢探索这个世界的奥秘。妈妈们可以帮助宝宝做做下列的体能训练：

例如，当宝宝会用视线寻找物品，且头部可微微上扬，你可以拿一些色彩鲜艳的字图卡、故事书、玩具等颜色鲜艳的物品，在宝宝视线30~50厘米处慢慢地移动，吸引宝宝的注意，在他的视线移动的同时，也强化了颈部肌肉；宝宝会坐或者会站的阶段，你可以让宝宝捡掉落的东西，带着宝宝一起蹲下来捡，而不是自己捡给他，这样宝宝才能自己运动。

1~3岁：手的能力和身体的大动作继续发展

这个时期的宝宝一般达到了爬行、站立等水平，从而进一步学会各种动作。他们能够在自己的探索下渐渐的能够灵活的运用物体。这时，妈妈要善于抓住日常生活中的点点滴滴来提升宝宝的运动智能。

例如，在宝宝的日常生活中，宝宝起床穿衣、穿鞋、戴帽子时，妈妈不妨放手让小宝宝自己尝试一下，这时的宝宝也往往固执得可爱，有些事情非要自己做不可。所以，妈妈应该给宝宝实践的机会，要有耐心，不可中途打断宝宝去包办代替，这样会不利于宝宝自主性运动智能的培养。锻炼手的精细动作时，2岁半的孩子从简单的一步折纸学起，到3岁时可学2～3步的折纸，3岁开始学拿剪刀，先学剪线条，后学剪图形；锻炼宝宝的自理能力，如整理玩具、打扫房间、洗小物品等；提供各种结构材料，如积木、插塑、拼装玩具、橡皮泥、沙石等，让宝宝玩结构游戏；锻炼宝宝的大肌肉运动智能时，妈妈可以带着宝宝上下楼梯等。

3～4岁：发展身体运动智能的最佳时期

这个时期的宝宝身体比较柔软，容易学习许多动作，而且这个时期的宝宝正是喜欢模仿的年龄，能够不厌其烦的重复同一动作，他们不怕失败，也不怕被别人笑话，所以这时，只要对宝宝积极的指导、训练和适时的鼓励，宝宝就能够掌握各种大动作和精细动作。从足运动技能来说，3岁儿童可以单足跳跃；自己扶楼梯一步一阶；能够跳过10～15厘米高的障碍物；钻过高度为自己一半身高的洞穴；会骑足踏三轮车。从手运动技能来说，妈妈可以利用家中的小花盆，让宝宝自己种植属于自己的植物，为它浇水、松土等；利用家中的废纸，鼓励宝宝用它们折出或剪出不同的造型，如小动物、小花等；适当的让宝宝干些家务劳动，如摆放碗筷、折叠衣服、擦桌子等。另外，这个时期的宝宝对模仿很感兴趣，妈妈在创想的游戏中，鼓励他们把自己当成小兔、小猫、蝴蝶等，孩子在不知不觉中也学会了他们在现实生活中必不可少的实用的动作技能,如走、跑、跳、爬、钻、投等等相关的运动智能。

4~6岁:系统整合、动作协调一致发展阶段

这个时期,宝宝身体的各个系统、各个动作的功能已基本完善,所以,这个时期是宝宝开始各个系统整合、动作协调一致发展过程。妈妈可以培养幼儿对体育活动的热爱,如打羽毛球、游泳、滑冰、跑步等。其中,游泳能促进呼吸系统机能的提高,还能提高幼儿抗御疾病的能力。

让宝宝从小运动对其一生所产生的积极意义,足以让他受益终身。妈妈应根据宝宝成长的不同阶段,采用有差别的方式锻炼宝宝,不但提高他的运动智能,而且又为他身体的各个功能提供了整合的机会,最终,你的宝宝一定能够成为一个运动智能优越的健康宝宝。

多种渠道发掘宝宝体商

想要帮助宝宝拓展体商,还有很多种方法可以采纳。例如,聘请运动水平较高的大学生担任孩子的体育保姆,他们不仅比普通父母更能发掘宝宝的运动天赋,而且能更有效地提高宝宝的运动技能;还可以鼓励孩子结交运动高手。体育运动往往是群体活动,因而培养孩子的"合群"性格与培养他的体商有着有机的联系。因此,鼓励孩子结交更多爱运动、体能好的小伙伴,就可以在小伙伴的带动下提高自身参与锻炼的主动性和积极性;还要鼓励孩子多接触和体育有关的信息,如要求孩子留意报上或电视上的体育新闻,让他自编幼儿园的比赛报道,带他亲临赛场看球,或给球星写信等等。

另外,在训练宝宝 BQ 时,心理影响也很重要。例如,一些孩子并非天生不爱运动,只是因肥胖、手脚笨拙、反应迟钝或身材过于矮小等原因而导致强烈的自卑心理。对此,你要及时开导孩子,努力让他们明白"重在参与"的道理,不必过分看重运动表现或运动成绩。如有必要,还可以聘请心理专家协助;对这些手脚还不太

灵活、体能还远远不够充沛、运动水平也无疑很低的"小不点",妈妈们还要记住：只要孩子动起来便是好样的。所以,对孩子的每一点进步、每一点成绩,都要及时予以表扬。还应该允许孩子经常变换锻炼项目,不要动辄就批评其"缺乏恒心",甚至还应该引导他们发展多种运动项目,以增强其运动兴趣。因为最重要的是帮助孩子发现锻炼的乐趣,养成爱运动的习惯,并由此而受惠终生。

同时,为了宝宝能爱好锻炼,你也必须爱好锻炼。因为妈妈是孩子最好的老师,在不爱运动的家庭中长大的孩子,也往往是个四体不勤的"懒虫"。但热爱运动的妈妈也要注意,要给予孩子自行选择参与哪种游戏或运动项目的权利,不包办不强迫,尤其不勉强孩子参与你喜爱或选择的项目。

此外,在运动的敏感期鼓励孩子多动,也要警惕孩子是否患有多动症。如果孩子的好动行为一刻也停不下来,或明明感到疲累,仍然控制不住地手舞足蹈,可能就是患有多动症,要到医院进行治疗。

★ 育儿小贴士

日常生活中各种玩具的"益智"作用

1．玩拼装模型——提高儿童考察和领会事物的能力。

2．玩纸牌游戏——有助于儿童集中注意力。

3．玩各种积木（积塑）——使儿童得到对颜色、形状、大小、重量的初步感觉；而且在不断自由组合新的形状时儿童的创造力和适应性也得到了发挥。

4．玩充气棒和拳击袋——可以让儿童活动,也可以让孩子在发怒或有挫折时发泄一下感情。

5．玩拼图玩具——锻炼儿童分类、选择、认识不同的形状及相互之间的关系的能力。

6. 看书——可以让孩子增加知识，提高想象力和理解力。

7. 玩蜡笔和彩色笔——开发、培养孩子的艺术兴趣和才能。

8. 玩内容积极的电脑游戏——提高儿童的竞争精神。

9. 玩娃娃和长毛绒玩具——可以让孩子练习交谈，锻炼照顾别人的能力。

"性"，让你难以启齿了吗

仿佛是人类溯本寻源的天性，几乎每个孩子都会有这样好奇的追问："妈妈，我从哪里来？""为什么我是站着撒尿的？""为什么妹妹和我不一样？""为什么爸爸有毛毛我没有？"……但由于在国内受谈性色变的影响，很多妈妈视"性"有如洪水猛兽，总感觉在孩子面前谈性实在是难以启齿，从而不让孩子接受性教育。还有一些妈妈，当孩子问尴尬问题的时候，或者欺骗说："你是爸爸妈妈拣回来的。"或者恐吓说："小孩子不可以问这样的问题。""再问妈妈就生气了，打你屁股。"结果孩子好奇心没有满足，又增添了孤独、恐惧和羞耻的心理。这是中国妈妈们常犯的错误。

实际上，性教育是孩子的必修课，尤其是在这个信息时代。为什么要这样说呢？

如果你有孩子，特别是当孩子长大一些，你会发现很多跟孩子有关的性信息就来了，这本来是非常好的性教育机会，如果你难以启齿，回避、欺骗、恐吓对孩子说起性话题，就会白白地丢失了很好的教育机会。但与此同时，你的难以启齿却无法堵住孩子们的好奇心，他们会利用一切途径去获得想要了解的性知识。而这，在这个信息时代并不是什么难事。例如，孩子会去搜集黄色书籍、黄色光碟、浏览黄色网站等等。这些会对孩子产生非常恶劣的影响，对性的认识产生偏差，进而影响到身体和生理的健康发育，造成非常严重的后果。

当然，也有许多妈妈其实并不希望自己的孩子如此不解"性"事，她们坦言"只是自己所知也不多"。如果是这个问题，就意味着你必须看点书了。

其实，性，是一件正大光明并且美好的事，而且，孩子对于"性"的探索，也不只是了解性器官那么简单。你需要了解他们行为后面的好奇和渴望，帮助他们完成性的启蒙课。

层次篇——根据孩子心理，全面解读

无论是在青春期开始之前给孩子讲关于性的科学知识，还是通过图片让孩子认识性器官和生命的来源，这都是过于片面地理解性教育。实际上，对孩子而言，性并不是性欲、性满足或繁殖后代那么简单，性的定位，性的内涵，没有性器官参与的温暖感觉，才是孩子们最需要的性教育。

一般说来，孩子对性的心理需求分为三个层次：

第一层：对性器官的好奇

案例：

5岁的皓皓最近多了一个不好的习惯：他喜欢当着别人的面脱裤子，把小鸡鸡露出来。"太干涉吧，怕他对此越来越感兴趣，不管吧，这么下去也不是办法。"皓皓妈妈很是苦恼。

解读：对器官的认识，是性教育的第一课。

当孩子长到四五岁的时候，会发现男孩是站着尿尿的，身上还多了一件小东西。而有的女孩觉得好玩，会模仿男孩站着小便的样子，回家以后还会对爸爸妈妈如何尿尿和他们的裸体产生兴趣。这是成长过程中的常见现象，妈妈们不必紧张，因为这时孩子表现出来的"性"趣，与你所理解的"性"并不是一回事。而且，它们会很快过去，不用刻意去矫正，除非对身体有伤害。正确的做法是：父母不刻意回避，让孩子看父母尿尿，和父母一起洗澡，一次关于"性器官"的体验课也就完成了。

第二层：对爱、温暖、满足感、安全感和归属感的需求

案例：

默默非常喜欢触摸妈妈的手臂，特别是夏天穿短袖衣服时，他总是抱着妈妈的手臂，把脸贴在上面，有时还会亲亲。默默的妈妈虽然也喜欢与孩子亲密无间的嬉戏，可是，又担心性教育的问题。

解读：没有性器官参与，也能得到爱、温暖、满足感、安全感和归属感，是性教育的第二课。

孩子喜欢触摸父母裸露的胳膊，甚至有时会触摸妈妈或阿姨的胸脯，这时的性不仅和性器官有关，同时意味着对爱、温暖、满足感和安全感的渴望。这一需求对孩子来说至关重要，这是性教育关键的第二课。因为如果孩子从小缺乏这种体验，长大之后当他发现性器官的参与很容易让他体验到这些感觉时，就容易依赖性活动来得到它们，从而影响他们建立对性和爱情的正确认识。正确的做法是：孩子要亲嘴，你可以有意识地去亲孩子的脸；孩子要摸妈妈或阿姨的胸脯，你轻轻把孩子的手移动到其他地方；同时，你可以抚摸孩子的头、手脚、背部或着拥抱他，向孩子表达爱、温暖和关怀。

第三层：对两性关系的探索

案例：

一天，英英妈妈突然听到5岁的女儿和她的小伙伴芊芊在外面玩耍时，说到生娃娃，便一下子紧张起来："这是不是受到芊芊的影响了？"原来，芊芊的父母离婚了，她跟着爸爸生活，最近她妈妈又结婚怀孕了。

解读：从家庭中了解两性关系，是性教育的第三课。

孩子们会"朝三暮四"地和不同的小朋友或者和爸爸妈妈"结婚"，不过这些探索都和狭义的"性"没有关系，他们对性的认识已经进入到了心灵层面。他们只是通过玩过家家来演习大人的性认识，并构建他们自己的童话世界。正确的做法是：由于孩子玩过家家、玩结婚生孩子游戏主要是学习和模仿，因此，你就要给孩子的性教育做一个生动的活教材。并充当好一个引导者，例如在这一过程中，你可以了解孩子对自己（爸爸或妈妈）的感受（正确的或错误的），及时地给予指导，即告诉他：做爸爸应该如何、如何……做妈妈应该如何、如何……

年龄篇——根据孩子年龄，恰当教育

面对孩子关于"性"的提问，许多妈妈很担心给孩子讲到什么程度合适，既怕讲浅了孩子没理解，更怕讲深了对孩子产生副作用。其实，你可以根据孩子年龄的增长，认知能力的发展，制定性教育计划，确定各阶段的教育内容和教育方法，并结合生活实际，循序渐进、科学诱导。

婴幼儿阶段（5岁之前）——性教育主要是解决性别认同问题。

其实从孩子呱呱坠地那一刻起，性教育就已经开始了。确认婴儿的生物学性别，按性别给孩子取一个合适的姓名，按性别穿相符合的衣着和购置相应的玩具，已经是在传达性别的意识，这也是性教育的一种表现。那种从自己的好恶出发，男孩女养或女孩男育的做法是极为有害的，因为这或许正是孩子日后发生同性恋的原因之一,或许会成为孩子未来的家庭不和的诱因。

还有,从性格来说,也要让孩子自己初步进入性别角色,例如鼓励男孩子的勇敢坚强,鼓励女孩子的温柔甜美、爱清洁等等。当然,此时还应该开始灌输基本的性卫生知识,例如大小便以后要洗手,不可把小棍等物塞入小便的孔窍中等等。

从身体构造上来说,在这一时期,妈妈应该很自然地让孩子认识自己的身体和性别,了解男孩子和女孩子是不一样的,教会孩子们有保护自己身体不轻易受他人侵犯的意识。不妨结合日常生活中的现象,例如在洗澡、睡前很自然地让孩子认识自己的身体,譬如什么是生殖器,这是隐私部位,是人最珍贵的地方,是谁也不许摸不许碰的,要好好保护好好爱惜,等等。

儿童阶段(5~7岁)——性教育主要是解决性别差异问题。

这一时期的孩子,在求知欲驱使下常对男孩与女孩的差异感到迷惑不解,会向父母提出各种问题。这就要求你要提前学习,做好准备。虽然每个家庭的文化和育儿方式不同,但是,在回答孩子的性问题中,给孩子传递健康科学的性价值观是性教育的核心,只要把握这些原则,你在回答孩子的性问题时就不会出现方向性的错误。

原则一:有问必答。不可以回避和转移孩子的话题,否则会让孩子感觉到性话题的神秘性,反而激起孩子探索的欲望。

原则二:答案要符合孩子的年龄认知。你给予的答案应该简单明了,让孩子能够听得明白。是否需要继续深入地讲解,要取决于孩子是否继续发问。否则,就超越了孩子认知范围。

原则三:针对性回答。孩子问什么,你就回答什么,不要给孩子带来新的困惑。

原则四:不能过分详细地讲述性、生殖等情节。如果孩子只是问"我从哪里来",你没有必要给孩子提供性活动的细节。否则会唤醒孩子进行更多超过年龄的性探索,不利于孩子心理发展。

原则五：态度比内容更重要。交谈时要自然轻松，你越坦然，孩子就会认为这个问题与其他问题一样，没有什么特别的，孩子就不会对这类问题特别关注了。

原则六：不可以用成人的性语言回答孩子的提问。例如用"生殖器接触"代替"性交"、"做爱"、"性生活"等成人的性语言，孩子才会明白。

原则七：尽量减少和避免与传统文化的冲突。告诉孩子，性话题是隐私的，尽量减少孩子因为性话题被他人误解和攻击。

少年阶段（7～14岁）——性教育主要是解决系统性教育问题。

7～14岁是孩子迅速产生性意识的一个时期，同时也是你对孩子进行较系统的性知识教育的一个黄金时期。在同青春期之前的儿童谈性时，可借助自然现象、童话、寓言故事，采用比喻的手法把性教育内容穿插其中。家长可以从植物开花结果讲起，接着联系到人的性与生殖。有这样一种说法：一位漂亮的姑娘春天把西瓜种子种到地里，之后她每天都给种子浇水、施肥，种子慢慢长出绿色的叶子。到了夏天，叶子上结出了小花，花谢了就变成了小西瓜，小西瓜越长越大就变成熟透的香甜可口的大西瓜，这个时候就可以摘下来吃了。妈妈在肚子里也种了一粒种子，在妈妈的精心哺育下，这粒种子慢慢长大，十个月后就变成了一个小人，然后妈妈就把他摘下来，于是这个世界上就出现了活蹦乱跳的宝宝。家长还可以在看《动物世界》等节目时，用动物的生殖活动进行比喻，和孩子谈蝴蝶的交配，金鱼或鸡、猫的繁殖等，以帮助孩子理解性知识，可避免直接、详细地介绍人类的性行为，避免给这个年龄的孩子带来不良影响。在性知识教育的同时，还须进行性道德教育，帮助少年控制自己萌发中的性冲动，防止性过错行为的发生。

青春期阶段（14～18岁）——性教育主要是解决性困惑问题。

这一阶段期性教育有着特别的意义。因为此期内多数孩子先后进入青春发育阶段，女孩子表现为月经来潮，男孩子表现为初次出现遗精。你应主动关心询问孩子的性困惑，还应当多倾向于性道德方面，要让孩子树立正确的性观念，防止性过错行为的发生。妈妈可以向女儿讲解月经的现象、卫生、护理和注意事项，教育孩子如何保护自己。父亲可以向儿子讲解遗精，正确与异性交往，性道德等问题，避免早恋。也可以买些有关青春期性知识的书籍让孩子自己阅读。要教育孩子好好学习，积极参加文体活动，努力充实自己，为以后成家立业打好基础。

方法篇——利用生活常识，自然融入

随着社会的进步，已经有更多的妈妈认识到对孩子进行性教育的重要性。但由于自己从来没有接受过系统的性教育，很多妈妈往往不知道该如何对自己的孩子进行性的教育，或是难于启齿、或是教育的方法不当引起孩子的反感，使性教育无法进行。然而这只不过是由于缺乏性教育经验的原因，只要妈妈能掌握正确的教育方法，性教育并不是难事。以下就是一些简单可行、效果好的方式：

利用书籍：

有些妈妈觉得对孩子进行性教育很难开口，也有些妈妈觉得自己在这方面的知识太少无法对孩子实施教育，在这样的情况下，不妨采取买一些相关的教育书籍放在显眼的地方、让孩子主动阅读的方法，即避免了尴尬，也同样可以收到了很好的教育效果。

利用洗澡：

为了避免性教育时，碰触到孩子的敏感和害羞的心理，妈妈对女儿、爸爸对儿子可以利用一同洗澡的机会来观察孩子的发育状态及用自己的经验向孩子介绍一些性发育的常识知识。与孩子一同洗澡，通过相互搓背、聊天，可以增加父与子，母与女之间的感情交流，建立起更融洽的亲子关系，同时也可以自自然然的展开性教育。

通过录像：

现在各种传媒非常发达，对青少年进行性教育的电影、电视、光盘有很多，妈妈可以与孩子一同观看这些影片，在观看中可以通过讨论、讲解向孩子传授性知识和解答一些常识性的问题，把健康的性观念、性知识在不知不觉中传授给孩子。

其实，在性教育中，性知识方面是必知而又相对次要的。因为如果归纳在一起，孩子们最多有一个小时就可以学完、掌握了。而性观念和性道德方面的培养却是一个很漫长的过程。对于妈妈来说，应该给孩子更多的应该是在日常生活中不断地对他们进行性观念的渗透，这里面要涉及伦理、道德、责任等等方面。简单一点说，就是要让孩子知道哪些不能做、哪些不应该做，而又为什么不能做，通过不断地渗透增强他们的免疫力，使他们对性方面有一个正确的心态和观念，以此培植孩子的人生观、价值观和人格修养，以不至于发生不该发生的事情。

★育儿小贴士

中国古代性教育

中国古代，民间百姓性教育的主要方式，就是"嫁妆画"和"压箱底"。

根据存世的实物看来，"嫁妆画"实际上是一卷8张或者12张不同性爱方式的图画（后来发展为春宫画）。哪家的女儿出嫁前，父母往往都得买上一两卷，作为嫁妆，让女儿在新婚之夜，铺在床上，"照猫画虎"接受启蒙。

"压箱底"大多是瓷器，拳头大小，外形多是吉祥的瓜果状，有盖，内藏一对交合男女。女儿出嫁前，母亲揭开"压箱底"的盖子，让女儿知道"夫妻之道"；平时，把它放在箱底以辟邪。

这都是我国古代特别的性教育方式。生活中，"性"是讳莫如深的话题，只有当儿女入洞房时，才拿如此图谱或瓷器给予启蒙。尽管属于"速成"，但管用。

孩子各种"不可爱"，妈妈各种妙招来

在成长历程中，在不同的阶段，孩子总会有一些言语举动，超出了妈妈们的"承受能力"，表现为任性、无礼、吹牛等，给人造成的直接印象就是不可爱。尤其是孩子这些"不可爱"的举动在公开场合表现出来，更是让妈妈们觉得难堪，于是就经常上演着吵架、生气、伤心的一幕。天天生活在这样的氛围中，我们身心俱疲，孩子也与我们很疏远，关系也会很紧张，久而久之就会形成恶性循环。

不过，聪明的妈妈们往往会根据孩子的行为表现，结合孩子的个性特点，有的放矢地逐步指导孩子成为知书达理、个性鲜明的好宝宝。

大哭大闹的孩子——冷处理

大哭大闹的孩子往往使父母处于很困窘的境地，而感受最强的便是妈妈。如果孩子在公众场合过度哭闹，人们会把无能、无知甚至是感情冷淡等归咎于孩子的妈妈。这时便令妈妈产生了尴尬、恼火、心疼……究竟怎么能够制止这种状况呢？

要让孩子心平气和地生活，改掉喜怒无常的坏情绪，最有效的办法是采取置之不理的方法，进行"冷处理"，让其自动消失。

这天晚上，吃过晚饭的一家人正在看电视，当电视广告播出冰激凌的画面时，暖暖也突然想吃了。可这时已经很晚了，附近的商店都关了门，妈妈跟她解释，并答应明天给她买。然而，暖暖的脾

气却上来了，她倒在地上大声叫喊，用头撞地，用手到处乱抓，用脚踹所有够得着的东西……

爸爸妈妈非常生气，但他们努力克制自己的火气，按照育儿专家的建议，暂时没有任何语言和动作。

暖暖已经叫喊半天了，要照以前的情况，爸爸妈妈早就"妥协"了，可这次她奇怪地发现，居然没有人理她。于是，她又重新"表演"闹了一番。可爸爸妈妈依旧静静的坐在沙发上没理她。暖暖不服气地又开始了第三次"表演"，而爸爸妈妈还是没有任何表示。

无奈的暖暖大概也觉得自己趴在地上哭叫实在太傻了，于是自己爬了起来，回房间睡觉去了。爸爸妈妈终于松了一口气。

而且从此以后，暖暖再也没朝别人乱发脾气了。

造成孩子大哭大闹的原因有很多，但家庭教育不当绝对是最重要的原因。特别是独生子女，如果从小就事事以他为中心，吃不得一点苦，要什么给什么，那么孩子就会养成遇事爱发脾气的习惯。然而，现实生活中，很多妈妈面对孩子的大哭大闹，总是不忍心说"不"，一次又一次地迁就孩子，无条件地满足孩子的任何要求。而这恰为孩子下一次哭闹提供了成功的范例，使他下一次哭得更凶，闹得更欢，形成恶性循环。

如果你不希望得到一个这么"不可爱"的孩子，可以试试暖暖妈妈的方法：

首先，冷静面对。当孩子情绪不稳定时，妈妈须作孩子的好榜样，先控制、处理好自己的情绪，不表示任何看法，慢慢走到孩子面前，让哭闹中的孩子感觉到你的冷静，降低哭闹情绪。千万不要在孩子情绪不稳定时，自己反而更生气，对解决问题无补。

其次，冷淡处理。在阻止孩子坏脾气发作的时候，既不要一心只想到训斥孩子，因为孩子这时是听不进去的；也不要强迫孩子或者用武力威胁孩子马上停止发脾气。最简便的方法就是运用冷淡计把他撇下不管，或把他送出门外，让他一个人去发泄，去自我克服、自我平息。即使是在大庭广众之下，妈妈也要克制自己，告诫自己不要动怒。你要相信，孩子不会一直这样哭闹下去的，即使他想不通，至少他会哭累，会饿，他终究会自己停止哭闹的。如果有旁观的人劝你赶快答应孩子的要求，或谴责你，甚至直接帮你去哄孩子。妈妈可以用手势表示不要说，不要过来，不要扶宝宝。或者说"谢谢，您忙您的，一会儿就好了"之类的话。应该不会有非管不可的过路人。如果周围的人只是边走边说，并不停下来，你不必去理会。这样坚持一段时间后，孩子就会渐渐改正乱发脾气的习惯，因为他知道这样做是什么也得不到的。

最后，教育引导。事情过后，你需要再当着孩子的面，分析一下他发脾气的原因，细心地引导、教育孩子，相信孩子会从一次错误的行为中吸取教训。

当然，很多时候，孩子闹情绪也并非完全无理取闹，这时，你还须了解孩子发脾气、哭闹的真正原因，站在孩子的立场去思考问题，而当孩子对你诉说他的感觉和想法时，除用心倾听外，你可以重复孩子所讲的话，让孩子感觉到你是了解他的，他也就慢慢平静下来了。

喜欢撒谎的孩子——旁敲侧击

孩子撒谎是几乎每个妈妈都会遇到的问题。大部分妈妈都会把它当作一件比较严重的事情，惩罚也相应地重一些。但简单的惩罚会让孩子认为，被惩罚的原因是谎言被妈妈戳穿了，而不是撒谎本身。结果事与愿违，这些孩子撒谎更频繁、更老练。

因此，当孩子有说谎的毛病时，妈妈千万不可着急、气恼，更不可不问青红皂白就把孩子狠狠地训斥一顿。明智的妈妈会给孩子改正的机会，会耐心地引导孩子承认错误。当孩子主动承认错误时，妈妈应该给予鼓励，肯定孩子说实话是好的表现，然后指出错误的危害性，让孩子在鼓励中知错改错。

其实，很多时候，孩子撒谎只是他的防卫表现，他害怕受到惩罚。所以，在教育孩子说实话这一问题上，你也要检讨一下在你们的家庭中是否缺乏一种健全的"容错机制"，而不是只严格地指责孩子的行为。而且，当孩子愿意承担自己的错误时，一定要给予适时的鼓励与肯定。你可以告诉孩子，即使这次他犯错，但爸爸妈妈很高兴他能有勇气承认，而且相信他下次不会再犯。此外，你还要帮助孩子找到犯错误的原因，然后和孩子一起寻求解决的办法。很多时候，失败的经验、教训更能够推动一个人的成长。高明的妈妈可以让孩子在否定自己的过程中看到自己的成长，体会到更深刻的成就感。

另外，当孩子编造明显不真实的故事时，你可能也会认为那是撒谎。比如他或许会说："我今天在楼下看到了一头大象，是真的大象！"其实，除非他在编造伤害他人的谣言，否则都不应该看作是说谎。事实上，这时候最好让孩子告诉你更多的细节，这能充分发挥他的想象力。你们甚至可以一起坐下来，让他画一些画来说明自己的吹牛故事。不过，对孩子的这种表现也不要听之任之，否则会使孩子习惯性地将想象的事物当作现实的事物，导致孩子缺乏理智感，为成长埋下隐患。你可以告诫孩子相互尊重人信任人的基础是诚实。结合一些生动的故事如"狼来了"，让孩子明白常说谎的人即使最后说了实话也没人相信了。

没大没小的孩子——见招拆招

没大没小也是这些"不可爱"举动中的一种，表现为常常对长辈大吼大叫，怎么说也不听，有时候还会顶嘴，举止不文明，人来疯等。如果没有及时纠正，孩子就会觉得这样做是没有错的，反而会越来越没礼貌，甚至不止是对爸爸妈妈，对家里的客人、幼儿园的老师都会这样没大没小。这样时间久了，可是会养成孩子霸道、不讲理的个性。

那么，如何才能教导孩子成为有礼貌、人见人爱的小天使呢？

这就需要妈妈学会见招拆招的本领。妈妈们可先不要太着急地打骂、教育他，因为小孩出现这些行为背后的原因有很多种，你要先冷静分析，然后才能对症下药，好好地教导孩子。

原因一：对大人不满

三岁以上的孩子自我意识逐渐形成并加强，开始有自己对事物的价值判断和利益诉求，和大人的冲突也会增多，表现为不听话、跟大人对着干。尤其在公开场合有此种行为表现时，会让大人很失面子，下不了台。分析这些行为背后的原因就会发现，很多是来自孩子对大人的不满。不满的原因比如：受到了委屈、与大人观点不一致、要求没有得到满足、受到大人奚落、存在误会等。

对策一：当孩子不礼貌地顶撞，对爸爸妈妈大喊大叫的时候，你应该先保持冷静，耐心地告诉他应该如何礼貌地表达自己的观点。比如你可以让孩子坐在身边，然后用缓和一点的语气告诉他："宝宝如果有跟爸爸妈妈不一样的想法可以说出来，不用能这样大喊大叫，这样可是不讲礼貌的行为呀！"这样冷静的处理方法可以有效地减少亲子间情绪冲突。

原因二：受大人影响

有时候，孩子没大没小也是出于无意，可能他自己也没有意识到自己的行为是没有礼貌，会让人觉得不舒服呢。出现这种情况，除了是出于他自己的个性外，也有可能是长期受到大人不礼貌言行耳濡目染而形成的坏习惯。例如直呼家长姓名、对老人不尊重等，可能都是受了你的影响。

对策二：在孩子面前，你要做好榜样，比如遇到长辈或朋友都要问好、经常对人说"谢谢、对不起"、不在孩子面前大喊大叫等等。孩子有了良好的学习模范，还怕他学坏吗？除了自己要做到礼貌待人之外，还要常常跟孩子说"小孩子要有礼貌、守规矩，要尊重别人，不能对长辈大喊大叫，这样大家才会喜欢你呀！"慢慢地用自己的言行对孩子耳濡目染，相信孩子很快能改正没大没小的坏习惯。

原因三：想引起注意

这种行为较多出现在公开场合或客人到访时，孩子变得很兴奋，行为举止和平时不一样，谁的话也不听，不懂礼貌，乱说话，也就是我们俗称的"人来疯"。孩子有"人来疯"的行为表现，主要是平时出席这样场合的机会太少了，太想要表现自己来引起大家的关注了；或者是平时受到的约束太多，父母碍于情面又不便在公开场合过多管束孩子，给了孩子彻底发泄一下的可乘之机。

对策三：如果孩子是用想用他的没大没小来引起你的注意，妈妈尽量不要在公开场合严厉批评孩子，以免在客人面前挫伤孩子的自尊心，可以先让他一个人独处一下，等他情绪冷静下来，再用讲故事的方式让他知道自己这样做是错误的。比如妈妈可以跟孩子说："宝宝想一想，如果其他小朋友像宝宝一样，对着宝宝大吼大叫，宝宝会不会觉得很难受，就不跟他玩了呢？"从小就教导孩子换位思考，不仅可以让他改正没大没小的坏习惯，还能让他在小朋友中更加受欢迎呢。另外，如果你已经了解了孩子的这一性格特点，就要在出席活动或客人来访前，和孩子做一次交流，提出礼貌举止的要求，也就是打预防针和约法三章。这样，如果孩子还是出现"人来疯"的举止，你就可以用眼神或语言提醒孩子注意举止，告诉他不要忘记事前的约定。而且，也不要忘了在事后对孩子的表现进行综合评价，哪些方面做得好，哪些方面做得不够，这样的分析有助于孩子明白下次怎样可以做得更好。

其实，不管采取哪种方式处理，都不要忘了进入最后一个环节，那就是在事后帮助孩子一起冷静分析该起"无理顶撞"事件中"肇事方"的错误所在，提高孩子分辨是非和自我判断的能力，同时也要教给孩子如何在合适的场合和时机来正确表达自己的情绪。

★ 育儿小贴士

孩子过于听话也不是好现象

《少年儿童研究》杂志曾推出这样两句话:"淘气的男孩是好的,淘气的女孩是巧的。"同时还提出:"'听话'儿童是问题儿童。"据说,在上海引发了一场大讨论。

为什么说"听话"儿童是问题儿童呢?我们注意观察就会发现,所谓"听话"儿童,常见的特点是有问题却不提出来,从不与长辈争议。实际上,只强调"听话"容易培养儿童的奴性,使其毫无独立性。对所有问题缺少个人见解,对邪恶势力无力抗争,以至人格扭曲,成为"问题儿童"。

再结合正文的内容,相信很多妈妈就混乱了:这不是矛盾了吗?怎么才能做到在鼓励孩子充分发展个性的同时,教育他们懂得文明礼貌呢?

其实并不矛盾,妈妈们首先应该接受这一事实:孩子们为了验证自身的能力,必然形成一种反抗家长权威的现象。很多时候,孩子在餐桌上的不良表现,偶尔撒撒谎、好斗、不听大人的话、爱发脾气等所谓不良行为都是他们要求独立自主的表现。

当然,如果孩子的某些所谓自主行为超越了正常的界限,那就是另外一回事了。在这种情况下,妈妈们需要问问自己:我们的管束是不是太过分了?我们是不是还在用用教五岁孩子的方法来管教八岁的孩子?或者,我们是不是走向了另一个极端,对孩子的关心和管束太少,或者交给他们还无力应付的事情?

孩子与网络，并非不可调和

网络是我们这个时代最显著的特征，是人类迄今为止最伟大的发明，它对人类的影响比工业革命对人类的影响更为深刻和久远。可以这么说，怎么评价互联网对人类进步的作用都不过分。但对于很多妈妈来说，却是"谈网色变"，她们纷纷表达了同一种苦恼：不给孩子买电脑、不让孩子上网吧，怕孩子将来落后于时代；让孩子上网吧，又担心自己的孩子在网络上接收到很多不良的东西，直接影响到孩子的健康成长。

孩子与网络，难道这个矛盾真的不可调和吗？

其实，不然。

任何东西都存在两面性，互联网更是如此。由于它是一个高度自由的虚拟世界，就不免存在很多有害信息，同时，由于互联网的娱乐性和趣味性都极强，很容易使一些自制力差的孩子"闹网瘾"和"迷游戏"。但只要正确使用，网络更可以是一个不可多得的工具和朋友，网上有名目繁多的学习资源，有令人目不暇接的卡通节目，有让人流连忘返的各种游戏……可以为孩子添上一对翅膀，让他们在更广阔的空间里自由翱翔。

那么妈妈该如何引导孩子正确使用网络、避免网络带给孩子的负面影响呢？

其实，你只要掌握了"谨慎放手、看住钱袋、挡住'黄虫'、保住眼睛"这16字方针，就可以给孩子"网开一面"了。

谨慎放手

谨慎放手，说的就是一个"度"的问题，既不可放任自流，又不可管得太严，放任自流的后果不言而喻，但强迫他们远离网络，也不是最好的方法。因为孩子对于大人的强制行为有天然的反感，对小孩子来说，大人越不想让她做的事情，她就越有兴趣。她会产生强烈的逆反心理，品尝"禁果"的冲动反而更加不可抑制。最好的做法就是谨慎放手，还要采取相应的"制约"。具体来说：

如果孩子年龄较小，你一定要陪同他上网。可以给孩子下载一些画图软件，识字软件，数学软件给他玩，这些资源凭借良好的影音效果和无可代替的互动功能，比起传统的书本更容易让孩子接受，也更能引起孩子的学习兴趣，可谓学习娱乐两不误。

在孩子有了一定的识别能力后，你就可以适当放手了，但一定要和孩子共同制订上网条约。例如：只能进指定的几个网站，不允许私自上别的网站；别人推荐的网站必须经家长批准才能进入；不可暴露自己的真实身份，要学会保护自己；文明发言，不得损害公共利益；未经家长同意，不要跟陌生网友见面；不要将你的地址，电话或学校名称告诉陌生人等等。而且，还要将不能上其他网站的原因解释给孩子听，这样孩子"知其所以然"了，执行起规则就更明确一些。

另外，也可以在孩子知情的情况下，安装一些上网控制软件，或者有些儿童浏览器，比如花儿浏览器，也具备网址黑白名单功能，可以限制或允许某些网站可以上。这样，也就避免了因对孩子限制太多，很容易产生"令而不行，禁而不止"的后果了。鼓励孩子在儿童网站中自由穿行，按自己的意愿选择喜欢的活动方式，这样会促进孩子的发展。

当然，要做好孩子健康上网的引路人，前提是需要妈妈也要有一定的电脑知识，这样才能在上网冲浪中和孩子共同成长。

看住钱袋

看住钱袋，其实说的就是孩子去网吧上网的问题。

因为孩子一旦进了网吧，情况就复杂了，他干什么你一点不知道，会跟什么人交朋友，染上什么恶习，你更不清楚。国内有一项调查就显示，进入网吧的网民超过七成都是学生。有70%的人进了聊天室，有近30%的人痴迷于网络游戏，有50%的人一定会光顾色情网站。这就是当前国内孩子的上网现实，他们跑到外面不受管束的地方自由上网，远远超出了家长的控制范围。看住钱袋，也就杜绝了这些问题。

当然，这其中还包括一个计费游戏的问题，诸如《魔兽世界》之类的游戏，很容易让孩子沉溺其中，当然，不止计费游戏，凡是大型的游戏都不适合孩子在未成年人之前玩。你可以推荐孩子玩一些益智小游戏，这样，既满足了孩子爱玩的天性，又让孩子通过玩掌握了基本的电脑操作技能，甚至从游戏中学习如何解决问题。比如很多孩子缺乏必要的挫折教育，受不得委屈，给他多玩些闯关、竞赛类的小游戏，让他们学着接受挫折，变得坚强，进而知道通过自己努力，完全可以克服困难，找到解决问题的办法的道理，再比如一些孩子缺乏耐心，那家长可以给他选择一些类似迷宫和拼图类的游戏，学过下棋的小朋友还可以选择围棋、象棋之类的小游戏。

挡住"黄虫"

网络内容良莠不齐，一些暴力、色情、反动的信息也混杂其间，凭借孩子自己的是非判断力、自我控制力和选择能力，往往不足以抵御这些信息的不良影响，孩子的身心健康难免受到危害。2012年，在一次青少年安全上网的座谈会上，公布的《网民安全上网研究报告》中就显示，18岁以下的人群通过互联网接触过相关色情信息的比例为38%，约有22%的未成年人会主动搜索色情信息。可见，如何预防孩子在网上看黄色信息，依然是解决孩子与网络利弊问题的重中之重。

其实，说实话，很难有百分之百完全杜绝"黄网"的办法，你可以尝试用下面 3 种方式从技术上来保护孩子：

一是最常见的下载保护软件。你只要上搜索网站，就可找到众多可选择的保护软件。将这些保护软件安装到家里的电脑后，就像安装了杀毒软件一样，保护软件可以自动屏蔽该软件过滤名单中的网址。这个过滤名单，会不断吸纳更多的不良网址。但如果不在这个过滤名单中的网址，则无法屏蔽。这也是黄色网站很难杜绝的原因之一，而如果妈妈发现有黄色网站的网址，也可自行添加到这个名单中。

二是可安装相关软件，指定可以登陆的网址。这样，上网者除了这几个网址，其他的网页均不能打开。

三是给自己的电脑加把"时间锁"。即你可设定电脑可使用的时间，也可设定电脑可供上网的时间。这样，你不在家时，孩子就无法打开电脑，或是无法上网。此举可尽可能地让孩子上网时，在大人的监控范围之内。

此外，你还可以向孩子推荐一些健康的网站，比如：中青网的"少年版"开设了"青少年健康"、"儿童影视"、"卡通鸟"、"儿童文学社"等多个带有知识性、趣味性的栏目。此外，像"中国少年在线"、"中国少年雏鹰网"、"中国儿童网"、"童网"等也都以喜闻乐见的形式为孩子们提供了丰富的内容。在这里，孩子们学习、娱乐、交友、聊天无所不能，从网上汲取了知识、获得了快乐，而不是毫无目的地在网上乱逛，自然也就会降低进入一些不适宜孩子的不健康网站的可能性。

保住眼睛

这一点说的就是要注意劳逸结合。有研究表明，如果长时间沉溺于网络游戏，会对孩子的语言、感觉、思维、想象力、情感等产生负面影响，时间长了还会影响孩子视力。孩子在电脑上看电影、玩游戏，完全是被动接受的过程，电脑上演什么就是什么，而且画面很快就消失，不利于孩子分析能力的提升。此外，网络还容易分散孩子的注意力，使他们不能持久地集中精力。

针对这一问题，给妈妈们的建议是：电脑屏幕调至与孩子的视线平行或者稍低，椅子太大时，可以在椅背处放个靠垫，增加舒适感。再有，不要让孩子在黑暗的房间使用电脑，大概在半个小时后，要让宝宝走出去，看看绿色植物，眺望一下外面，领宝宝做做幅度稍微大些的伸展运动。还有，每次用完电脑后，要提醒宝宝洗手、洗脸，多吃蔬菜水果补充维生素，一定记得要多喝水。如果这能让孩子养成习惯，对以后一定是很有帮助。

其实这个道理妈妈们也得都懂，但工作繁忙之下，监督就会出问题。比如孩子在假期独自在家，就很难监管。这需要我们让孩子明白长期坐在电脑前对眼睛和皮肤的损害，不妨找一些实际的案例告诉他们。比如你可以说："时间长了腿会麻，影响你快点长大。"或者说："眼睛变成近视，就不会有人喜欢你了！"这一条做到严格遵守总是很难，孩子们有的是违规的冲动，你需要不停地灌输。

当然，这些都只是"技术手段"。面对这些潜在的威胁，更重要的是如何帮助孩子建立起一道内心的防护墙和杀毒网，保护孩子心灵的纯净与健康。例如，妈妈要与孩子充分沟通，加强亲子关系，以免孩子情感空虚，选择网络作为精神寄托；不要让孩子一直处于相对封闭的家庭环境中，要鼓励孩子多参与现实活动，多与小朋友互动交流，多参与各种有益身心健康的兴趣班，这样既可满足孩子喜欢玩乐的天性，释放来自生活和学习的各种压力，又可帮助他们远离网络诱惑，减少沉迷网络的机会。同时，在上网问题上妈妈也要做孩子的好榜样，要求孩子做到的自己首先做到。有些妈妈自己就很沉迷网络游戏，而不是在网上搜索有用的知识和信息，那又怎能要求孩子不迷恋网络游戏呢？

★育儿小贴士

你知道计算机的辐射量是多少吗？

1. 键盘 1000V／m；
2. 鼠标 450V／m；
3. 屏幕 218V／m；
4. 主机 170V／m。

由此可知，电脑辐射对人体伤害最大的是键盘、鼠标！

也许你会奇怪电脑的键盘、鼠标为何会有电磁辐射呢？这是因为它们是通过主机的交流电能产生交变信号实现所有功能的，所以能产生低频辐射。简便地说：因为键盘、鼠标都是和电脑的主机相连接的。如果是无线键盘、鼠标，那电磁辐射就几乎没有，非常小。

另外，虽说电脑所产生的辐射量远远低于国际规定的标准。但人体长期处于电磁辐射场中，伤害累计到一定程度时，还是会导致引发多种疾病。美国加州大学流行病学教授萨维兹通过为期两年对年轻白血球病患者追踪研究而得出结论：长期暴露在低频辐射中会增加儿童患癌症的几率；美国杜兰大学谢协清教授经过实验所发表的专题报告称：极低频脉动电磁场是造成血癌、孕妇流产、死胎、畸形儿的主要原因之一；另外尚有许多学者、专家强调：低频电磁辐射，乃是人类癌症、生殖病变、遗传障碍形成的主要原因之一。

所以，为了安全起见，不管是儿童还是大人，还是要尽量少接触电脑为宜。如果实在离不开，可以：距电脑至少一米开外；给电脑配上视保屏；使用完毕，洗澡换衣服。

《《《下篇
好好做妈妈，伴孩子健康成长

HAO HAO ZUOMAMA

有了宝宝以后，对每一个新妈妈来说，都是既有迎接新生命诞生的喜悦，也有即将面临接踵而至的育儿问题的紧张。

如何让孩子喜欢学习？如何让孩子人见人爱？如何让孩子不再花钱大手大脚？

……

其实，如何陪伴孩子健康成长，这对每个妈妈来说，都是新的挑战。

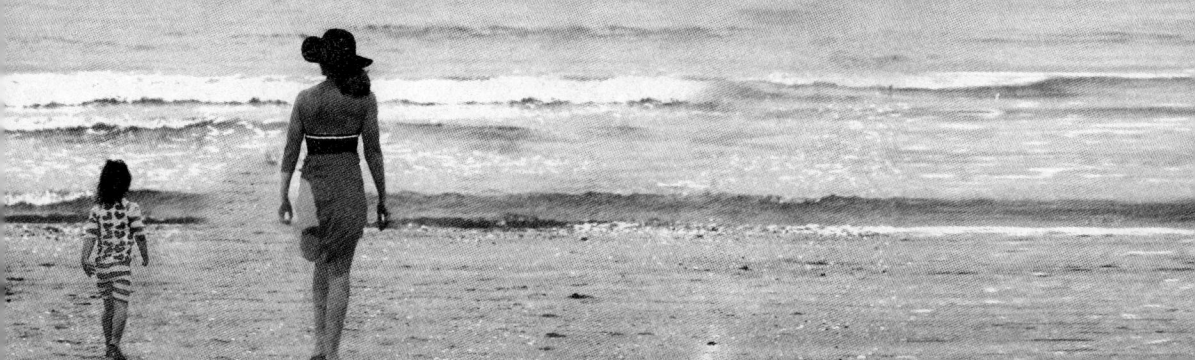

一、学习应该像呼吸一样自然——让孩子爱上学习

知识经济时代,知识就是一个人成功的最有力的武器。可以说,知识变得越来越值钱了,培根的"知识就是力量"在我们这个时代里得到了最突出的体现。所以"好好学习,天天向上"是永不过时的。

只不过,现实生活中,很多妈妈在谈到孩子的学习问题上总是大摇其头:孩子不爱学习。

那么,孩子为什么不爱学习?肯定的说,凡是觉得学习困难的孩子,都是因为他没有遇到好的引导。其实学习并不如想象中那么难,只要妈妈用对了方法,孩子的学习就可以变得很轻松。

妈妈需要转变观念:玩耍就是学习

很多妈妈都把孩子太贪玩视为不爱学习的表现。所以,自己给孩子制定了"周密"的学习计划:上特长班、兴趣班、培训班等。

其实,玩耍是自然界赋予孩子们学习并适应环境的方法,你不让孩子玩耍就是让孩子停止了学习,一句话,玩耍就是学习。所以,聪明的妈妈们要学会用玩耍淡化学习的概念,让孩子快乐玩耍,轻松学习。

玩耍里的数学课

孩子和你一起玩售票员或者售货员游戏的时候,他不仅是在学

习怎样与人相处,怎样发挥想象力,体验不同社会角色的感受和情绪,这还是他学习数学的最好机会。比如,你买了2元钱的车票,可以告诉他这样你能到更远的地方,或者你可以坐上有空调的公共汽车。你们也可以给家里的所有东西标价,做售货员和顾客的游戏,这样孩子不仅了解了数字的多和少,也能了解到更大的数字或许可以代表物品更有价值。找零钱还可以让他们学会简单的加减法。这样,这些枯燥的数学知识在玩中就愉快地学会了。

你们也可以一起在跳绳的时候、上台阶的时候数数或者去认识车牌号,孩子们通过这种途径更加了解数字和生活的关系。

玩具里的空间世界

电动汽车在孩子们的操作下穿过茶几,从房间的这头奔驰到那头,小汽车的高度能不能穿过更低的沙发,能不能从那条走廊上穿过,都是锻炼他的空间感觉。即使孩子在沙发上蹦来蹦去、在床上练习倒立,也都是在发展他的空间能力。

孩子还可能会把不同大小的水杯排列整齐,把他们分别命名为爸爸、妈妈和自己。这种玩法,是在表达他们对真实世界里大小关系的理解。

积木可以帮助孩子建立三维空间感,这是今后他们学习几何、物理甚至到了大学学习建筑、工程的基础。孩子们用积木讲故事的时候,会选择大块的来代表狗熊,用小块的充当兔子,或者让大块的代替爸爸,小一些的表示妈妈,最小的被当作宝宝,这些都表明孩子们对于现实世界中的大小关系有了明确的认识,并且能够通过直观的方式表现出来。通常来讲,男孩比女孩更喜欢积木,他们能够用积木来搭建复杂的结构,比如想象中的碉堡或太空船,这对于激发他们的想象力很有好处。但是女孩的爸爸妈妈也不要因此而担心,因为女儿在这方面的缺失,已经在给洋娃娃穿衣服、看病和做饭的过程中弥补了。

悄悄成长起来的语言家

孩子们很爱"看"书，他们飞快地翻动书页，然后把注意力停留在感兴趣的插图上。别以为他们在装模作样，其实在这个过程中，他们完全可以通过文字和图形的对应，认识一些有特征的文字。到了4岁以后，孩子们对于那些听了无数遍的故事，就能够像模像样地"读"了，他们一边翻书，一边凭借记忆，把故事一一对应地讲述出来。这种伪阅读对于今后的真正的阅读非常有帮助，他们会对于故事的起承转合、开场首尾有所感悟，他们可以在和别人分享故事的过程中获得乐趣，他们还会因此和书籍交上朋友。

还有，在玩耍的过程中，孩子们为了能说服小朋友或者父母站在自己的一方，为了能恰当表达自己的想法和创造，也是在努力学习着表达。在游戏的时候，多创造一些情境，和孩子一起讨论怎么玩、该说什么话更合适，他也慢慢学会沟通和表达。

你也可以经常在游戏中让孩子听到一些新的词汇，往往这个时候能够促使孩子们更多地思考，启发孩子们观察周围的世界。慢慢地，他们会更加注意到生活中的细节。学会用更恰当的语言来表达。

玩出来的艺术家

孩子们都喜欢乱写乱画，有时候他们的涂鸦让你很费解，但这并表代表他没有自己的想法，在孩子的眼里，那些线条都是有意义的。四五岁的孩子已经开始会运用颜色表达他们曾经看见或者想象出来的东西，也许是某个人，也许是他们到过的某个地方。所以这些来自内心世界的活动，通过他们的不断对世界的观察和思考，通过他们的笔有了一种真实的表达，你能说他不是一个艺术家吗？同时生活中很多东西都可以成为创造的素材，他们可以沙子、土、毛巾等不同的材料创造艺术作品。

音乐和舞蹈总是让孩子和着迷。当他们自然而然用自己的身体和声音表达的时候，也让他们体会到了艺术的感染力，他们会自发地创造出更多的变奏曲。四五岁的孩子一般能够演唱比较长的歌曲了。即使反复唱只有几句的简单歌词，也能够使孩子们尽情享受词语的音调，韵律的美好。

过家家游戏的社交训练

孩子们都喜欢过家家，他们经常把大人之间每天发生的事情搬进他们的游戏，在这个过程中他能更加了解这个世界，也更了解他们自己。在这个过程中，孩子们要选择做一个什么样的游戏，选择其中自己喜欢的角色，把自己转换成这个角色的过程中，他要学会表现这个角色的行为特征，体会这个角色的感受，从而了解真实生活中各种角色。

你也可以和孩子一起玩。比如，和孩子一起玩司机、售票员和乘客游戏，他会了解不同角色的社会分工，你们都是普通的人，但是你们都有着自己的风格和特点。也可以根据书上看到的故事来扮演角色，加入一些想象，实现理想中的一种生活境界。

更多孩子在一起玩耍还可以体验到竞争、赞同对方、赢得胜利等感受。尤其是当孩子们在户外玩耍的时候，很少能像他们在室内游戏时那样得到大人的关注和指导，所以孩子们自己就学会了分享、轮流以及集体游戏的一些潜规则。出现冲突的时候，他们也会尝试自己解决，并且在交涉、胜利和妥协的过程中，学会了处理自己和他人的关系。

美丽的想象在飞

在孩子们的想象中，可能他的娃娃和他一样快乐地生活着，他会哭、会笑，可以吃东西，可以分享他的感受。或许某一天，他自己成了哈利波特，可以变幻魔法，可以无所不能。

想象是一切创造的源泉，也可以帮助孩子的成长。比如，玩电动飞机和小火车的时候，那种惊人的超速行驶，会让他们突然感到自己很强大，他们觉得自己长大了。

玩拼插玩具也是他们发挥想象力的最好途径。这也是很多四五岁的孩子热衷的事情，他们可能用拼插玩具建造了他们想象中的最完美的游乐场。

想象还可以帮助孩子摆脱某种不良情绪。比如，爷爷奶奶要出门旅行了，他不希望他最喜欢的爷爷离开一个星期，他可能会想象自己也在进行一次小小的旅行，逐渐忘掉了与爷爷奶奶分开的苦恼。

做身体协调的小家伙

孩子到户外又跑又跳，当然是在帮助他们提高身体运动能力，一方面锻炼了他们的肌肉，一方面又练习了他们的身体平衡能力。身体的协调发展是大脑开发的重要过程，同时也让孩子们具有一种运动家的精神，用开阔的心胸和敢于不断挑战自己的态度对待世界。

手眼的协调能力对孩子动手能力的发展非常有帮助。四五岁的孩子可以做一些缝纫工作，特别是女孩子会对此乐此不疲，这是锻炼手眼协调能力的好途径。男孩子可能会更加喜欢玩迷宫游戏。从迷宫的入口走到出口，可以促进孩子的空间推理能力，促使他们细心观察图形和细小的差异，还锻炼孩子们的手眼协调能力。

总之，寓学于玩，学习无处不在。希望想好好做妈妈的人们能领悟这一点，真正让"学习"变得"好好玩"，让孩子在轻松愉快的环境中获得正确的学习方法和技巧，懂得成长的真谛和做人的道理。

★ **育儿小贴士**

陪宝贝玩游戏，别犯这些错

错误1：急吼吼地干涉宝贝

对宝贝来说，生活中的任何事情都是游戏。

错误2：以父母的价值取向来衡量宝贝的游戏

不要人为地限制宝贝的游戏方式，或为了让宝贝"学"到"知识"

而强迫宝贝玩不喜欢的游戏。

错误 3：违背宝贝的年龄特征开展游戏

不同年龄段的宝贝，对不同的游戏有着不同的兴趣与热情。

错误 4：认为良好的游戏习惯无关紧要

玩具玩完了就让宝贝自己收拾好，并物归原处；游戏时间要有节制，不能因为玩而影响吃饭、睡觉等。

错误 5：总是剥夺宝贝独自游戏的权利

当宝贝不哭不闹自己玩耍时，不要打扰宝贝。

学习兴趣是孩子学习的源动力

妈妈们经常这样诉苦：昨天在家里让孩子写字，他讨价还价，哭着不愿意写；昨天孩子回家后没有完成规定的数学题目，被我打了一顿；昨天让他写拼音他乱写，我罚他不许看电视……等等。从中我们不难发现许多孩子之所以不愿意学习，实质是因为缺乏学习的兴趣。

学习兴趣是孩子学习的源动力。爱因斯坦说："兴趣是最好的老师。"歌德也说："哪里没有兴趣，哪里就没有记忆。"有兴趣的学习，不仅能使人精神集中，积极思考，容易产生功效，而且能让人增强自信心。没有兴趣的学习，不仅会让人苦不堪言，使学习成为一种负担，一种劳役，而且使人失去自信而产生畏缩厌烦的心理。

遗憾的是，竞争激烈的现代社会，让很多妈妈都认为竞争不能输在起跑线上，再加上大多数家庭都只有一个孩子，于是，从孩子上幼儿园开始，妈妈们就挖空心思为孩子选择各种各样的班，一心想让自己的孩子多学一点知识，殊不知单调的学习往往适得其反。

那么妈妈应该如何激发孩子的学习兴趣呢？

激发和保护孩子的好奇心，求知欲

孩子对某一事物的兴趣通常与他们的好奇心、新鲜感受分不开。因此，要想激发孩子的学习兴趣，妈妈可以经常带孩子出去参观、外出散步，或者带着孩子摆弄和拆卸各种玩具等，让孩子在探索"秘密"的活动中，激发学习的兴趣。

也许，大发明家爱迪生的故事可以给你更好的启发：

爱迪生在八岁时才进了一所只有一个班级的学校上学，校长和老师都是恩格尔先生。

由于学校课程设置呆板，老师讲课又枯燥无味，爱迪生对上课实在没有什么兴趣。因此，老师在讲台上教课，他就在下面走动，有时还跑到外面去，从来没有好好地坐在椅子上过。有时候，他还会收集附近人家丢弃的物品，而制造些奇奇怪怪的东西带入教室，整天就玩这些东西，完全不注意老师在台上讲些什么。当然，这往往也会妨碍其他孩子上课。因此长期下来，老师感到很头痛。

终于一次，忍无可忍的老师把爱迪生的母亲叫到了学校。因为在上算术课的时候，许多学生都安静地听讲，只有爱迪生忽然举手发问说："二加二，为什么等于四？"老师被问得张口结舌。

老师对爱迪生的母亲说："爱迪生这孩子一点不用功，还老是提一些十分可笑的问题。昨天上算术课时，他居然问我二加二为什么等于四，你看这不是太不像话了吗？我看这孩子实在太笨，留在学校里只会妨害别的学生，还是别上学了吧。""我认为爱迪生比同龄的大多数孩子聪明，我会教我的爱迪生，他再也不会来到这里！"爱迪生的母亲非常生气地说。

此后，爱迪生便在母亲的亲自指导下如饥似渴地汲取着人类先哲的智慧思想。她具有高超的教育才能，因此把家庭教育办得生动活泼。春天，树木抽出嫩枝时，她和儿子坐在屋门前，边晒太阳边上课。夏夜，天上是密密麻麻的星星，庭院里一片葱绿，她和儿子来到高高的望塔上，一面纳凉，一面读书。到入了秋，爱迪生又念上了《鲁滨逊漂流记》、《悲惨世界》这一类古典文学作品。冬天，天寒地冻，她又与儿子在一起围火授课。她讲地理，如同把爱迪生带到世界各地周游，漂洋过海，登山探险；她讲英文，又非常注意打下良好的基础。

正是因为有了这样一位伟大的母亲，爱迪生的好奇天性才没有得到扼杀，为他后来成为一个伟大的发明家打下了很好的基础。

很多妈妈在面对孩子不爱学习的问题时，总是先将孩子责备或打骂一顿，而并没找出孩子不爱学习的真正原因，协助他们培养学习兴趣，这正是教育的失败之处。在日常生活中，孩子常会对你提出各种各样的问题，这就是孩子对周围事物产生兴趣的表现，如果你对孩子置之不理，孩子的求知欲就会泯灭。相反，如果你能热情对待孩子的提问，并积极引导孩子去认识，去探索，并引发更多的问题，那么孩子就会激发起学习知识和技能的欲求，养成勤奋和刻苦学习的习惯。

肯定孩子取得的成绩会保护孩子学习的兴趣

让孩子体验到克服困难获取成功的乐趣，是保持孩子学习兴趣的必要条件，你应该注意让他有获得成功的机会，即使是微小的进步，也应加以鼓励。经常地遭受挫折，甚至遭受指责或体罚，会使孩子的学习兴趣丧失殆尽。

有一位妈妈曾经这样说起自己培养孩子成才的过程：

我发觉宝宝对绘画很有兴趣，因此，从他三岁多开始，我就有意识地在绘画方面引导他，培养他的兴趣。

上幼儿园期间，除了帮他准备好必备的绘画用品，如绘画图册、蜡笔、水笔、蜡泥外，我还让他多看其他小朋友的成功作品，让他有一种向往成功的情感，然后从涂色开始，给他色彩上的刺激，让他的每点小小的进步，我们都及时给与鼓励，强化他的自尊心和荣誉感；我还鼓励他参加幼儿园里的绘画比赛，让他的作品多次张贴出来，让他感到自己在绘画方面很"不错"的感觉，增强他的自信心，为以后在绘画方面遇到困难、挫折能顽强攻克奠定基础；接着，我又积极鼓励他参加更大一些的比赛，加上幼儿园老师的辅导，结果孩子在进入幼儿园的第一年就获得区幼儿绘画赛二等奖，让他初尝成功的乐趣。

上小学期间，读一二年级时，我又支持他利用课余时间跟美术老师学画画，动员他参加学校举行的各种美术方面的比赛，如蜡泥比赛、绘画比赛、手工制作等。我会先让他谈一下构思，然后帮助他选择一种比较好的，接着让他制作，我在旁加以指点，对好的，及时表扬，肯定，不够的地方，让他改正，力求让他的在现有水平的基础上做出好的作品来。很快，我们的良苦用心得到了回报，孩子在多项比赛中都取得了不错的成绩。

当然，这些成绩也离不开辅导老师的悉心指导。但是最重要的一点是：如果孩子没有良好的兴趣，这一切都将成为不可能。孩子在取得这些成绩的同时，也增强了他对美术的爱好程度，让他感受到无穷的乐趣。

在孩子刚开始学习的时候，妈妈对他们的期望不能超越他们已有的水平和他们通过学习最近可能发展到的水平，并要及时肯定他们所取得的成绩。在妈妈看来是微不足道的进步，却给孩子带来了成功的体验，并依据学习成果来调整心事活动，增强孩子的自信心和自尊心。

此外，需要强调的是，遇上孩子学习不好、不爱学习时，妈妈不应只抓分数，而要抓意识，从根上找原因，一人一把锁，针对孩子的问题设法解决。考试只是评估孩子的学习程度，即使不理想也不必过于紧张。

"十年树木，百年树人。"在这场马拉松式的竞赛过程中，需要妈妈和孩子齐心协力、持之以恒，遵循孩子身心发展规律，从激发孩子学习兴趣入手、培养孩子良好的学习习惯。这样，才能让孩子沐浴着春风和阳光，带着快乐心情，轻松上阵。

★育儿小贴士

对于外语的学习，妈妈该如何引导呢？

1．想方设法培养孩子学习外语的兴趣。通过娱乐的方式让孩子不知不觉中学外语，可以达到事半功倍的效果。如和孩子一起做游戏、学唱歌、画画等来激发他们的兴趣，使孩子觉得学外语很好玩。

2．为孩子学外语创造语言环境。德国语言学专家布鲁恩斯认为，语言对环境的依赖性更大。因此，要学会为孩子营造外语氛围。比如双语校园、外语广播、外语角、外语动画片等等，并引导孩子在尽可能真实的动态情景中使用语言。

3．期望值不能过高，对待孩子的语言错误要宽容和有耐心。只要不影响正常的教学、交际，就不要立即加以纠正，以减轻孩子的心理压力，增强他们的信心。

4．遵循语言获得的规律，首先是加强听力和说话训练，然后才是读写。

5．针对个体差异，选择适宜的教学方法。科学研究发现，约37％的孩子为触觉学习者，34％的孩子为听觉学习者，29％的孩子为视觉学习者，妈妈如果注意因材施教，会使孩子的学习取得更好的效果。

6. 培养儿童良好的性格。施普纳说，性格开朗、自信心强的孩子要比性格内向、缺乏自信心的孩子外语学习成绩更好。

孩子厌倦学习，有你的责任

学习的问题从来都不是学习本身的问题。很多时候孩子对学习产生厌倦，也有你的责任在。下面这些错误，看看你自己犯了几条？

别用物质奖励孩子——德西定律

物质奖励容易降低孩子对学习本来的兴趣，并形成错误的价值观。

一位妈妈抱怨道："我的孩子上初一。为了能让他好好学习，我们制定了一个奖励制度：平时小考90分以上，奖10元；前10名，（奖）50元；进入前5名，（奖）100元。开始还真管用，他一回家就看书、温习功课。可时间一长，孩子明显出现厌倦学习的情绪。我们只好加码（钱），但看来效果不大……愁死我们了！"

其实，很多妈妈都有类似的困惑：动辄给孩子金钱、物质的许愿和奖励，开始的确有效，但慢慢地就不尽人意，甚至起到相反的作用，导致孩子对物质利益的过分追求，发展到孩子把学习作为交换奖赏的筹码。

奖赏之所以不灵验，其实就源于"德西定律"：一个人进行一项愉快的活动时，如果对他提供外部的物质奖励，反而有可能减少他对这项活动的兴趣。这是美国心理学家爱德华·德西在一次实验中发现的。他让一些学生解答妙趣横生的智力题，开始时，对所有学生都不奖励；接着把学生分成两组，其中一组学生每解答一个智力题就给予一美元奖励，另一组则不给奖励。在两组学生的休息或自由活动的时间里，德西观察发现，尽管有奖励组的学生在有奖励时解题很努力，但在自由活动时间里却只有很少的人继续解答；可是无奖励组的学生却有更多的人热衷于没有解出的智力题。就是说，奖励组的学生对解答难题的兴趣开始减少，而无奖励刺激的学生对解答难题的兴趣仍然浓厚。

究其原因，则是因为奖励刺激容易引发人的外部动机，其特点是持续时间比较短；相反，对于所从事事情本身的兴趣是人的内部动机，才更容易持久。如果学习活动本身令孩子感兴趣，妈妈再给孩子奖励，可能会弄巧成拙，不但不能提高孩子的学习主动性，反而会降低孩子原有的学习热情。而且，用物质奖励孩子还有一些其他的弊端，如会使孩子的欲望越来越大，沾染上自私自利和功利主义的毛病，滋生只图享受的心理，养成斤斤计较、讨价还价的庸俗习气等等。

所以说，妈妈们如果不想让你的孩子对学习失去兴趣，那么就不要再对孩子进行物质的奖励了。当孩子取得了一定的成绩和进步后再激励孩子的时候，应该以精神奖励为主，如：在家人或亲友面前表扬他们，使他们产生荣誉感；低年级的孩子可以给他们戴红花、贴红旗；还可以拥抱、亲吻、口头表扬他们，或者发贺卡和奖状；如果孩子连续一段时间表现好，可以带他们去看电影、旅游等等。

别给孩子贴上笨标签——标签效应

什么是标签效应呢？心理学认为，一个人被别人下某种结论，就像商品被贴上了某种标签，他自己就会做出印象管理，使自己的行为与所贴的标签内容相一致。这种现象是由于贴上标签后而引起的，所以称之为"标签效应"。由此推之，当一个孩子老被妈妈说成笨孩子，他肯定会对自己的能力产生怀疑，进而对自己失去信心。所以，作为妈妈，一定要尽量给孩子贴好的标签。

看看下面这个妈妈的做法，你是不是有所启发呢？

一位妈妈在孩子幼小时，有过三次参加家长会的经历。

第一次，幼儿园老师说："你的孩子在板凳上连3分钟也坐不了，你最好带他到医院去看看。"回家的路上，孩子问她："老师说了些什么？"她告诉儿子："老师表扬你了，说宝宝原来在板凳上坐不到一分钟，现在能坐3分钟了。别的妈妈都非常羡慕我，因为全班只有宝宝进步了。"那天晚上，儿子开心地吃了两碗米饭。

第二次，小学家长会上，老师说："这次数学考试，你儿子排第49名，我们怀疑他智力上有障碍。"回到家，她对儿子说："老师说了，你并不是一个坏孩子，只要能细心些，会赶上你的同桌，这次你的同桌考了21名。"说这话时，她发现，儿子暗淡的眼神一下子充满了光亮。第二天上学，儿子比平时去的都早。

第三次，初中开家长会时，妈妈直到结束都没有听到老师点她的名字，临别去问老师，老师告诉她："按你儿子现在的成绩，考重点高中有点危险。"她回到家里，告诉儿子："班主任说了，只要你努力，很有希望考上重点高中。"

……

高考结束后，这位同学被清华大学录取了。

成功的孩子成功在妈妈心里，失败的孩子失败在妈妈嘴里。妈妈给孩子贴的好的标签，不知不觉中改变了孩子，使他真的成为标签所说的那种人！

然而，现实生活中，有的妈妈对孩子要求过高，当孩子无法达到时，妈妈就很失望，认为孩子"脑子笨"，经常批评他"大笨蛋"、"不是读书的料"，这等于在无形之中给孩子贴上了"我不行"的标签。这种不良的标签会使孩子产生"我确实不行"的感受，而对自己缺乏信心，就不自觉地放弃追求成功的努力。长此以往，坏标签的预言便会成真。而且在社交活动中往往物以类聚，人以群分，如果你给孩子贴上不好的标签，他就会把自己归到表现不好的学生那一类，经常和那些孩子呆在一起，这又会加重孩子的不良倾向。

所以，妈妈千万不能动辄给孩子贴上"笨蛋"的标签。相反，要从各方面去观察，用放大镜尽力找出孩子的闪光点，时刻看到他们的进步，用好标签去鼓励他们发扬优点。那么"笨孩子"就有可能悄悄的变成"聪明孩子"，收到意想不到的教育效果。

别让孩子不耐烦——超限效应

国内一位著名的精神分析治疗师曾经说过："如果想要一个孩子厌倦学习，最好的办法就是不断地告诉他学习有多么重要，学习不好就什么也没有了。"他的意思是说，因为不断地强调学习作为一个手段对于未来的重要性，就将学习本身的乐趣不断地削减再削减，直至孩子感到学习是一种负担，是毫无意思的一件事情。学习的目的取代了学习的过程，那么必然带来对过程的厌倦和不满。

这也就是心理学上所说的"超限效应"，即人的机体在接受某种刺激过多的时候，会出现自然的逃避倾向。这是人类出于本能的一种自我保护性的心理反应。由于人的这个特征，在受到外界刺激过多、过强或作用时间过久的情况下，会引起一个人心理极不耐烦或逆反。

6岁的晶晶正上学前班，妈妈很是担心，为了能让孩子上一年级就备受重视，妈妈近来给孩子安排了详细的学习计划，每天让孩子背唐诗、做算术题、认字，而且每天要求孩子练字、绘画、弹琴各至少半小时。

晶晶妈妈经常陪在女儿身边，看她练琴、画画，检查晶晶的作业，发现错误立刻让孩子改正。可是，晶晶妈妈发现女儿近来学什么东西都不是很用心，而且经常表现出很烦躁的情绪。

晶晶妈妈很疑惑，自己一直陪在孩子身边，和孩子一起学习，连一点自己的时间都没有，可是孩子为什么就不用心呢？

所以说，如果不想让孩子对学习产生厌倦，妈妈们就要合理地安排时间，每次持续时间不宜过长，防止大脑皮质产生保护性抑制，从而降低学习兴趣，影响学习效果。即使对于同一内容的重复学习，妈妈也要每次变化方法，最好与游戏结合起来，学学玩玩、动静交替，以免孩子产生厌倦感。年龄稍大的孩子可适当地组织竞争性的活动，激发孩子的学习兴趣。

别让家庭环境影响孩子——环境效应

每个人都不是孤立的存在，必须在一定的环境中生存、发展。心理学家发现，人周围的环境对人的心理会产生一定的影响。从这个意义上来说，那些对学习产生厌倦的孩子，可能和妈妈营造的家庭环境有很大关系。

首先，我们从家庭氛围来说。一位心理咨询师曾对考上清华、北大的 300 多名学生进行研究，得出结论：完整、温暖、和睦的家庭是培养孩子学习兴趣的基础。他在研究中发现，这 300 名学生中只有 1 名学生的父母离婚了，还是在孩子已形成了良好的学习习惯之后。与之相反，生活在一个经常发生纠纷的家庭，孩子会心事重重，而无力顾及功课。由于安全感丧失，家庭不断的激烈争吵和高度紧张气氛，使焦虑的孩子无法再对学校发生兴趣。

其次，我们再来说说物理环境对孩子的影响。

许多妈妈没有注意到，自己的家庭环境对孩子的学习非常不利。比如有的妈妈白天上班很累，晚上喜欢看电视，而且声音很大；还有的妈妈喜欢把邻居、同事约在家里打麻将，这些无疑会影响孩子注意力的集中。因为妈妈的活动产生了许多噪音，这些使人感到不愉快的声音，干扰了孩子精神的集中。从环境心理学的角度来说，妈妈要想让孩子集中精力地学习，就要给孩子一个安静的、不受打扰的环境。

另外，家庭环境中的颜色也会影响到孩子的心理。一般家庭会给孩子一个单独的房间用来学习和休息，而房间的墙壁用什么颜色是有讲究的。颜色大体分为冷色和暖色两类。红色、橙色、黄色能使人产生暖的心理感受，叫做"暖色"；而绿色、青色、蓝色、紫色会使人产生冷的感觉，叫做"冷色"。暖冷色有一个重要的作用是：暖色容易使人激动、兴奋，使人不容易安心，因此，不适合做动作精细、迅速和准确度要求高的工作，也就是说可能对孩子的学习不利。而冷色则容易使人安静下来，心平气和，思想更容易集中。

光线也会影响精力的集中。过强过弱的光线都对人不利。在孩子的房间中，天花板上要装光线良好的日光灯，写字台上还要放一盏台灯，以使学习时灯光柔和。

而孩子房间的装修，则以自然、简洁为宜，要避免过多地使用人造装饰材料，地上应铺木地板。这样，可使孩子更贴近自然，而养成自然纯朴的心灵。

★育儿小贴士

别让孩子当书呆子

妈妈在注重孩子书本知识的学习之外，还应该教给孩子一些必要的生活常识，这对孩子更好地应对生活现实，将来更好地走入社会是有好处的。

比如：

1. 认识家庭住址及父母的姓名、单位。

在孩子开始懂事时，你就要有意识地教他们识别自己家庭周围的环境，以及父母的姓名和单位等。这样可以减少孩子走失或找不到家的可能性，还能增加孩子应付外界环境的自信心，使其遇事不致惊慌失措。另外，还要教孩子一些在马路上行走的常识，确保孩子的交通安全。

2. 认识药品及了解用药常识。

家庭中，通常都存有一定数量药品以备急需，你可以把一些常用药品拿出来教孩子辨认，使孩子逐渐了解药品的名称、用途及用法，这样既让孩子增长了知识，又降低了发生危险的可能性。在带孩子上医院看病的时候，你还可顺便教孩子认识医院，了解各个科别、看病的程序和方法，在可能的情况下简单地告诉他们某些医疗器械的用途，以便解除孩子对医生的恐惧感，学会配合治病，或在发生意外事件时，能自己到医院求助。

3. 教孩子认识常用小工具及安全使用的方法。

妈妈在使用一些工具时，可以顺便告诉孩子这些工具的名称及安全使用的方法。还可以给孩子提供一些比较安全的小工具，诸如餐刀，不带尖的剪刀，小型的锤子、钳子等，让孩子边玩边学，既熟悉了各种工具的种类和功能，又在使用的过程中发展孩子的动作技巧。

4. 避免被坏人伤害。

妈妈要告诉孩子这世界上有坏人的存在，并嘱咐孩子不要接受陌生人的礼物，不到陌生人家中去，也不要请陌生人到自己家里来，女孩则不要让父母以外的人抚摸自己的身体，碰到存心不良的人纠缠时，要赶快跑到人多的地方或告诉警察，还可大声呼救或跑到附近居民家。

二、变腐朽为神奇的魔法——给孩子一个好性格

俗话说,性格决定人生。好的性格对一个人的成长起着积极的作用,这主要表现在:能乐观面对生活;身体更加健康;更容易与周围融洽;更容易获得家庭的幸福和事业的成功。

那么,性格是如何形成的呢?

心理遗传学认为,孩子的性格一半来自遗传,也许有妈妈已经注意到,宝宝和宝宝真的不一样,似乎有些宝宝一出生就很乖巧,不哭不闹,妈妈带了就很省心;有的宝宝生下来后夜夜啼哭……但是,随着宝宝不断地成长,在他今后的成长道路中还会有各种错综复杂的外要因素影响其性格的形成。事实上在人的一生中,其性格都有变化和被重塑的可能。这也就是我们经常说的性格既有稳定性,又有可变性的特征。

而要培养一个好性格,早教是关键。以下6个方面是良好性格的基础,如果从小具有这6种性格品质,长大了其他优良品质都会自然派生出来。

乐观,让孩子成为"万人迷"

美国著名心理学家马丁塞利格曼认为,乐观是一种"迷人"的性格特征。他经过长期的研究及跟踪调查发现,乐观对一个人的成

长起着积极的作用，这主要表现在：乐观能使人对生活中的许多困难产生免疫力；乐观能使人的身体更加健康；乐观的人更容易与周围的人保持融洽的关系；乐观的人更容易获得家庭的幸福和事业的成功。

现实生活中，也许有些孩子天生就比较乐观，有些孩子则相反。但可喜的是，乐观性格是可以培养的，即使孩子天生不具备乐观品质，也可以通过后天的努力来实现。尤其是在心理发展最为迅速的幼儿期，妈妈可以把这种"迷人元素"潜移默化地注入到宝贝的性格中，使孩子得到健康、全面的发展。

提醒孩子事物的光明面

有这样一个谚语：如果断了一条腿，你就该感谢上帝不曾折断你两条腿；如果断了两条腿，你就该感谢上帝不曾折断你的脖子；如果断了你的脖子，那也就没什么好担忧的了。

让孩子换个角度看问题，孩子就能看到事物的另一面，继而排除消极、悲观的思想，对任何事情抱着乐观的态度。即使遇到了挫折，他也会认为那是成功前的必经考验。

一个孩子考了59分，非常伤心地回到家。爸爸生气地说："真没用，连及格都考不到，你整天上课都在干什么？"孩子低着头，一句话也不说。

这时，在厨房做饭的妈妈听到丈夫训斥孩子，走了过来，看到儿子的成绩后，笑着说："59分，只差1分就及格了，下次稍微努力一下就可以了。"这时，孩子的心情稍微好了一点点。

这个妈妈的做法比爸爸不知道高明了多少倍！平时，当孩子遇到困境时，妈妈们也应该多向孩子灌输一些乐观主义的思想，让孩子明白：令人愉快的事情是普遍的。比如，你如果周末要加班，应该跟孩子说:"今天妈妈工作很忙要加班,看,公司还是很器重妈妈的哦。"而不是跟孩子说:"该死的,为什么周末还加班。"事情是同一件,但是你不同的言语却能让孩子有不一样的感觉。

让孩子不断地获得成功的体验

培养孩子乐观的条件是让孩子不断地获得成功的体验,而过多的失败体验,往往使幼儿对自己的能力产生怀疑,从而变得悲观起来。

果果小时候并不是一个胆小、自卑的孩子,可现在呢,她不但不喜欢参加集体活动,也不愿意与同学过多地待在一起了,而且尤其害怕上课回答老师的问题。原来,有一次一道很简单的语文题目,老师让果果站起来回答,但果果却不知道答案,于是就随便说了一个错误的答案,因此引得同学们哄堂大笑。

这次以后,果果做什么事情都是躲避,不敢上前,她总感觉到自己低人一等,产生了自卑的心理。果果避免失败被人嘲笑的同时,也没有享受到过成功的喜悦,这影响了她特长的发挥,也阻碍了进步,并且如果一直消极下去还有可能产生心理方面的问题。

对比较年幼的孩子来说,他们缺乏人生阅历和生活经验,没有经历过人生的坎坷,没有生活的磨砺,缺少韧性,往往经受不起大的挫折。过多的失败,很容易摧毁他们对生活所抱的美好希望,而导致他们在自己心里建立失败者的自我形象。因此,要尽可能地帮助孩子树立一个可以实现的实际目标,让孩子自己努力去实现。当他不断看到努力所取得的成果时,乐观、自信就会很自然地充溢孩子的小脑袋。

但是,并不是孩子想成功就能取得成功,也并不是孩子做什么事情都能够取得成功,失败也会时常发生,因为孩子所做事情的难易程度不同,再加上主客观因素的限制,另外还有方法是否得当,有无成就欲望，等等，这一系列因素共同作用决定孩子是否能够成功。

因此，对于很少获得成功的孩子，妈妈就要"帮助"孩子成功。

例如，你要去发现孩子的特长、兴趣，尝试着让孩子去做他擅长的事情，或者是感兴趣的东西，这样孩子就会比较容易取得成功；你还应根据孩子发展特点和个体差异，提出适合其水平的任务和要求，确立一个适当的目标，使其经过努力能完成。如让他跳一跳，想办法把花篮取下来，从而在不断的成功中培养自信。切忌花篮挂得太高，而实际能力不及，连连失败，致使自信心屡屡受挫；同样，他们也需要通过顺利地学会一件事来获得自信。一个在游戏中总做不好的孩子，很难把自己看成是成功的人，他会减少自信心，并由此不愿再去努力，越是不努力，就越是做不好，就会越是不自信，形成恶性循环。妈妈可以通过帮助他们，完成他们想要做的事来消除这种恶性循环；另外，各方面能力都比较强的孩子，无论做什么事成功的机会都会很多，这样孩子就容易滋生骄傲的情绪，同时对成功的体验也就不那么强烈，没有太大的喜悦之感。因此，对于这样的孩子，妈妈应该尽量设置一些复杂的事情让孩子去做，这样孩子就不会事事都能成功，如此不但锻炼了孩子的能力，同时还能去除孩子骄傲自负的心理，并且能够使孩子感受成功的喜悦。

让孩子尽情宣泄情绪

研究发现，孩子只有在感觉非常安全并被人无条件接受的时候，才会更加快乐和自信。所以，当孩子想倾诉问题时，妈妈一定不要做出好坏的判断，只要让他感觉到你在倾听和重视就可以了。譬如，孩子从幼儿园一回到家，就向妈妈抱怨幼儿园有个总爱嘲笑他的女孩。如果妈妈回答："不要总是不停地抱怨，这样可不好。"孩子听后，或许会平静下来，但是副作用是不好的情绪被压抑在孩子的心里。如果妈妈换个说法："哦，看来她那样做确实让你感到不高兴了。"孩子听后会感到妈妈理解他，他也就更容易消除怨气，感到快乐。

当然，孩子的个性各不相同，悲伤时表达情感的方式也不相同，妈妈应该允许孩子自由表现他的伤悲。如果孩子不愿与妈妈交谈，希望单独思考，那么你也就不要在一旁唠唠叨叨；如果他哭鼻子的话，妈妈也千万不能要求孩子憋住，甚至可以不要去劝阻，因为一个人尽情哭过之后，感情可重新恢复平衡，相反，如果你要求孩子停止哭泣，不能表现出软弱，孩子就会把心中的悲伤积聚起来，久而久之，反而造成孩子的消极心理；如果孩子的发泄方式是痛打"娃娃"或砸玩具时，妈妈的任务不是去指责，而是设法通过言语或行动引起孩子的情感共鸣。孩子得到妈妈的暗示，自然会停止"暴力"。

不过，对于妈妈来说，你的情绪可不能"尽情"宣泄。如果你在外面受了"窝囊气"，回来便对孩子发"无名火"，这种情况特别容易打击孩子的自信和乐观。因为孩子会把妈妈的恼火归咎为自己的错误，但他又不知道自己错在哪儿，于是只好全盘否定自己。长久下去容易让孩子自责、退缩，并蔓延为隐约却牢固的消极心理氛围，淹没孩子乐观的笑容。

另外，生长在快乐家庭的孩子，长大后比一般的人要更快乐。其中部分原因可能与遗传有关，但父母所创造的快乐环境也是孩子快乐的源泉。无论是每天共进晚餐，还是每年一起庆祝生日或节日，对一个家庭而言，没有什么比建立家庭传统更有价值的了。过春节时的饺子、鞭炮，或是过生日时的蛋糕、蜡烛，这些传统习俗都十分重要，因为它们赋予孩子生活的意义，加强家庭成员之间的感情，让孩子获得更"长久"的快乐。同样珍贵的是每个家庭独特的小传统，例如每个周末全家外出晚餐，每个月末全家一起看一场儿童电影，等等，这些熟悉而亲密的传统习惯会带给孩子强烈的安全感。简单一句话，家庭传统习俗会让孩子的快乐更"长久"，我们能为孩子做得最好的事就是自己成为一个快乐的、知足的人。

> ★育儿小贴士

乐观教育的关键年龄

对于这个问题,我们以一个心理实验来说明:实验者告诉孩子们桌上有各种点心和玩具,想要得到喜欢的东西必须等实验者回来,如果不能等待可以呼叫实验者,但他只能得到他不大喜欢的东西。结果,平均年龄为4岁半以上的孩子,大多能等待很长时间,而4岁以下的孩子很少有坚持到底的成功者,是因为首先他很难理解实验者所做的承诺,其次他不能完备地想象出实验者归来对自己的意义,所以他们更可能身不由己地在困难面前"屈服"。

可见,孩子乐观教育的关键时期是4岁。因为对于孩子来说,与乐观相关的心理素质包括:能够依赖想象力和对未来的展望,忍受眼前的不适应;听得懂和相信大人的劝告,调整自己的需要;在情绪与理智的较量中,能够较为成功地摆脱情绪的控制;抽象思维有了一定的发展,能够预见事物的未来发展趋势……而这些心理素质正是在4岁左右逐渐健全。

在孩子心里种下诚实与正直的种子

一个孩子学业上的缺陷不一定影响他的一生,而人格的缺陷倒可贻害他一辈子。正如英国教育家洛克所指出的那样:"教育上的错误正如自己配错了药一样,第一次弄错了,决不能靠第二次、第三次去补救，它们的影响是终身洗刷不掉的。"

也许会有一些妈妈认为，面对今天越来越复杂的社会，培养孩子诚实正直品质就意味着让孩子对人对事开诚布公，严于律己，宽以待人，但结果势必使孩子吃亏得罪人。

其实不然，诚实正直的品质，不管对社会还是对孩子身心发展来说，都是起着重要作用的。如果把做人的道理比作船上的舵，而把做事的本领比着船上的浆，两者相比较，舵是决定方向的，方向错了，浆划得越快，则偏离目的越远。所以一切有识之士都把告诉孩子做人的道理放在家庭教子的首位。

可以说，孩子在儿童期，特别是幼年阶段，其成长的主要养料就是真善美。那么如何让自己的孩子在这一关键期里，心灵尽可能不受外界干扰而接受真善美的雨露滋润呢？

要培养孩子诚实而有良知，可以从以下三个方面来做：

创造有利于道德成长的环境

妈妈作为孩子的道德导师，你的风格会对孩子今后的生活起要重要的作用。你要树立良好的道德榜样，你在日常生活中普通时刻的所作所为可能会成为有力的道德教育。妈妈要把孩子培养成一个正直守信的人，自己首先要做一个这样的人。

《羊城晚报》上登载过这样一件事：作家北野到英国朋友家做客。这位朋友有个三岁的孩子，非要跟北野一起洗澡。北野就敷衍他，你先洗，我一会儿就去。等阿姨给孩子洗完澡后，因为北野没去，孩子就哭了，说北野欺骗他。孩子的妈妈当即就跟北野急了，责问他既然已答应和孩子一块洗，怎么又骗了孩子呢？这件事对作家北野触动很大，因为他马上想到，倘若是中国的妈妈，差不多都会对孩子说："乖乖别哭，妈妈给你买糖吃。听妈妈的话，妈妈给你买汽车、飞机……"至于自己对孩子的承诺是否真兑现，那就是另一回事了。

在这种受骗的环境中长大的孩子，诚信观念必然淡漠。在这样的养育方式下，孩子将来必然形成这样一种人格：多疑、猜忌、对别人充满戒备、骗别人心安理得。

现实生活中，为了使孩子听话，或者为了刺激孩子的学习积极性，有些妈妈总习惯于对孩子许愿，特别对三五岁的幼儿，用这个办法哄一哄，有时候还挺顶事。如孩子发脾气、不听话，妈妈就随口说："你如果听话不闹，我明天给你买机关枪，或者买会叫的洋娃娃。"大人许了愿，如果真兑现还好，可是在多数情况下这都是大人哄孩子的一个策略，说了并不实行。不知这些妈妈想过没有：这样做会不会有什么危害？

要知道，孩子的模仿能力非常强，成人的行为时刻都会影响着孩子的成长，因此妈妈要做到言必信，行必果，凡是答应孩子的事就一定要兑现。如因情况有变或因其他原因兑现不了，也要向孩子说明情况，解释清楚，表明不是有意骗他。妈妈用这样的言行做孩子的榜样，有利于孩子逐渐形成言行一致、表里如一的品质。

要创造一个宽松、愉快、民主、和谐的家庭氛围。因为只有家庭成员相互保持诚实真挚的态度，使孩子感到成人的爱护和关心，他才能够信赖成人，有了过失才敢于承认。这样，长大了才能坦坦荡荡、光明磊落地做人。

用道德纪律来强化良知和指引行为

没有行为上十全十美的孩子，事实上，童年的一大部分时间是用来学会拨乱反正的方法。你最好用缓慢行走来帮助孩子学会辨别是非和养成坚实的道德推理能力，也会养成良知与诚实的习惯。

我们以纠正孩子从家里偷钱为例，这是很多妈妈在孩子成长的过程中，会遇到这样的问题。

除了在家里不要放太多的钱，要把钱收好，想办法不要让孩子拿到之外,当我们不想的事情终于发生的时候,你也不要急于去找"犯人"。你可以在大家一起吃饭聊天的时候,若无其事地说:"我觉得钱包里的钱好像少了,是不是有小偷进来呢?妈妈真担心。"那么,偷钱的孩子就会知道妈妈已经发现了。假如之后孩子把钱还回来了,你就说:"妈妈好像弄错了,前几天说钱少了,其实是我算错了,真对不起。"假装自己被骗,给孩子一次改正的机会。如果孩子又偷钱,你可以说:"糟糕,钱又少了。可能有小偷进来,下次钱再少,我要去叫警察了,你们说好不好?"这是不再原谅的信号。当然,如果你想让他印象深刻的话,还可以在孩子面前演一出戏。你可以事先把情况告诉社区警察,然后请他一起到家里假装调查,并故意在孩子面前说:"下次再丢钱,就派很多人来,请马上联络。"相信孩子就不敢再偷钱了。

值得强调的是,处理这类问题时,千万不要采用过于粗暴的方式,因为它可能会给孩子的自尊心造成很大的影响。当然,为"戒"而"罚",也是爱的基本方式之一,只要你的惩戒出于爱心,又执行得合理、巧妙,事后讲清道理,孩子会受益很大,并心悦诚服。著名作家冰心曾让用肥皂洗嘴的办法惩罚孩子说谎。我们也可以创造一些有效的措施,如朗诵一个讲诚实的故事,抄写一段论诚实的名人名言,写一篇讨论诚实问题的日记或文章,取消一次外出游玩的安排等……但要注意尽量避免体罚孩子。

"以其人之道还治其人之身"

"以其人之道还治其人之身",说的其实就是一个心理换位的问题。就是指当双方产生矛盾时,能够站在对方的角度上思考问题,思考对方何以会如此行事、如此说话。果真能够做到这一点的话,就能够理解对方,就能够减少很多不必要的矛盾。

引申下来,对于喜欢撒谎的孩子,妈妈们就可以"以其人之道还治其人之身",让他亲身体会一下被骗的滋味。

简6岁的时候,妹妹萨利只有3岁。简想赚点钱,买些好吃的,于是,她们去拜访邻居,打算以25美分的价格为他们打扫房子。

一位邻居把这事告诉了母亲。母亲问简为什么要那样做,简不加思索地否认了:"我们并没有做这件事,他胡说。"母亲没有想到她的女儿竟然会撒谎,大为震惊,并狠狠地教训了她们一顿。

然后母亲开始做午餐。当孩子们大口地咀嚼着三明治时,母亲问:"今天下午你们愿意去看电影吗?"

"当然愿意!"姐妹俩马上穿戴整齐。然而到了车站,突然,母亲说出了一句令她们非常惊讶的话:"孩子们,今天不去看电影了。"孩子们气坏了:"什么意思?妈妈,你说过要去看电影的!"母亲停下来,搂着她们,轻声解释说,这就是被谎言欺骗的感觉。

"说真话是非常重要的。"母亲说,"我刚才对你们撒谎,感觉得糟透了,我不愿意再撒谎,也相信你们也不愿意再撒谎了,明白吗?"

孩子们忽然明白了,于是向妈妈保证,知道错了,请求妈妈带她们去看电影。但是母亲坚定地告诉她们:"今天不会去了,但以后会去。"

那天,简和妹妹心情无比的失落和沉重。然而这件事给简留下了深刻的印象,并时刻提醒着她,谎言会给别人带来伤害,因为她亲身经历过。

许多孩子只习惯于从自己的角度思考问题,而不习惯于站在别人的角度上思考问题。要消除这种现象,办法就是"以其人之道还治其人之身"。当孩子也体会到对方的感受,就能够站在对方的位置思考,能够设身处地地多为对方设想,就会慢慢改掉不好的习惯,养成好性格了。比如当看到别人生病疼痛时,要让孩子结合自己的疼痛经历感受并体谅他人的痛苦,从而为他人提供力所能及的物质和精神上的帮助。某地发生灾情，妈妈可以引导孩子："那里的小朋友没有饭吃，很饿；没有衣服穿，冷极了。想想，如果你在那里，会怎么样？我们是不是该给灾区的孩子们多捐点衣服、食物呢？"

另外，要培养孩子诚实正直的性格还有一些建议：

1. 教育孩子关心和体贴他人

让孩子从小就懂得关心和体贴他人，培养孩子对他人的责任心，这是培养孩子诚实正直品质的道德情感基础。关心和体贴他人还表现为对他人的同情怜悯之心，这是一种善良的道德情感，是救死扶伤、救人于危难、见义勇为、助人为乐的人社会主义道主义精神。我们现在的独生子女，因为生活的环境孤独，又缺乏同龄伙伴，才能防止孩子自私、独霸、自我为中心的倾向，并逐渐从关心体贴他人的实践过程中体味到做一个诚实正直的人的快乐。

2. 随时注意发生的道德问题，并及时指导孩子的行为

发现孩子按道德行事，就及时承认他的好行为，告诉他做对了事情以及你为此感到高兴的原因。

一位孩子的妈妈曾讲过这样的故事：

有一次，这个妈妈去幼儿园接儿子。那天她早去了半个小时，却让她发现了一件有趣的事情：儿子因看不惯班里一个强壮的孩子欺负一个弱小的孩子，而主动上前帮助弱小的孩子，以主持公道。在回家的路上，妈妈表扬了儿子勇敢的行为，并进一步教育孩子：对自己认为正确的事情，不管别的小朋友怎么看，要敢于坚持。同时，对待小朋友的缺点和错误提出批评和帮助时，要讲究一些方式方法。如果自己有错，也应主动承担责任，以获得其他小朋友的同情和帮助。

这位妈妈支持儿子坚持正义的做法，对孩子养成诚实正直的品质很有意义。

3. 用问题来扩展孩子接受别人观点的能力

孩子会听从你的道德信仰。你可以评估孩子的道德推理能力，帮他提高到更高的一个层次。"如果别人那样对待你，你会怎么感觉呢？""因为你做的事情，你认为他会怎么感觉呢？"你可以常常用这些话题来跟孩子讨论，来引导他的行为。

另外，由于孩子年龄小，很多时候你需要把道理具体化、形象化、趣味化，孩子才能接受。所以，可利用故事，把做诚实人的道理寓于故事之中，使孩子明白什么是诚实正直，什么是虚假和欺骗，应该怎样做，不该怎样做。

★育儿小贴士

妈妈要知道的道德发展阶段

道德发展同其他方面的发展一样，也是有阶段性的。如果孩子不能在合适的时期得到教育和体验，那么他的道德能力也不能得到很好的开发。因此，对于孩子的道德教育，妈妈也要分阶段地进行，这样才能让孩子得到更好的发展。

美国儿童发展心理学家科尔伯格将人类的道德发展大致分为三个水平，分别是前习俗水平、习俗水平、后习俗水平，每个水平又分为两个阶段。这里的习俗是指一个社会的法律和规则。

"前习俗水平"换句话说就是前道德性水平。第一阶段中判别善恶的标准就是是否受惩罚。在这个阶段，孩子认为，只要是不受惩罚的行为就是正确的行为。如果没有受到限制，没有人教会他们分辨是非，那么他们什么行为都做得出来，在公共场所大声喧哗，随意横穿马路，喜欢朋友的东西就会去抢等。第二阶段中判别善恶的标准是自己的欲求，也就是"既然你得到了一个，我也要得到一个"，为了得到想要的东西，无休止地要求公平。

比"前习俗水平"高一级的是"习俗水平",这是遵守别人规律的时期。这时孩子会按照自己所在集体的标准行事。具体地说,第三阶段是"好孩子"取向,认为不受别人非难的行为是正确的。第四阶段是以社会秩序为取向,遵守法律和规则。

"后习俗水平"顾名思义就是超越"习俗水平"状态。从这时开始,就是自律性道德占主导地位。第五阶段的人会认为法律是为人而定的;反过来,为了人也可以修改法律。举个例子,为了救一个人的命去偷药,处在这个阶段的人就会认为这种行为是可以宽恕的。第六阶段以普通的伦理原则为准则,换句话说,不是以法律和习俗为主,而是将重点放在人类生命的尊严上,按照自己的道德标准来行事。

当然,这也不是绝对的,孩子的道德智能还与自己的经验和能力,以及父母的影响有关,随着这些后天因素的不同会产生很大差异。作为妈妈,在孩子道德智能的培养上,最重要的是要不断地教育孩子分辨是非,知道什么样的行为是正确的行为,什么样的行为是错误的。只有这样,孩子才能够自己分辨是非,成长为按照自己的道德观、价值观和信念来行事的人。

可贵的勇气,培养孩子过人的胆识

孩子的胆识,不仅仅是勇敢,还包括了智慧和谋略。因此,一个有胆有识的人必须以见识作基础。

连连今年四岁了,大大的眼睛很招人喜欢,可是,爸爸妈妈却发现连连越长大,胆子却越小。非常怕见生人,也不愿意去幼儿园。

为此，爸爸妈妈非常焦虑。

其实，在生活中像连连这样的孩子还是很多的，常常表现为怕见生人，怕与陌生的小朋友交往；好哭，精神紧张，说话声音很小；不爱运动，走路缓慢且不敢和其他小朋友一起玩儿；不敢到幼儿园，也怕去陌生的环境，家里来了客人不敢露面；做事畏首畏尾，缺乏主动性……这种异常的行为在4～7岁儿童中较多见，若妈妈视而不见，不加以重视，发展下去就会形成畏缩、自卑、胆小、易受伤害等不良性格，对以后的成长是很不利的。

那么，如何才能让孩子勇敢起来呢？

提供机会让孩子大胆尝试

除去一定的遗传因素和心理因素，自卑、胆怯的孩子，多"产"于溺爱型的家庭。妈妈对孩子过分保护，事事代劳，孩子便会形成依赖性，对新情况不知所措，从而产生自卑、胆怯。

在爬一个小坡时，彤彤显得胆子很小，他一步一回头，不停地看着爸爸，很想让爸爸把他抱上去，爸爸似乎有意要锻炼他一下，并不看他，只是不停地向上爬着。因为爸爸知道，虽然是第一次爬坡，可彤彤是可以爬上去的，这是锻炼孩子胆量与技巧的一个绝好机会。

可妈妈却非常担心，她怕彤彤摔下来，又怕他磨破细嫩的小手。母亲一会儿看看孩子，一会儿担心地嘱咐他一声，一会儿又喊前面的爸爸慢些，彤彤最终胆怯了，不肯再往上爬，后来还是由父亲抱上去，没有达到试试爬高的愿望。

本来孩子是可以胜任的，如果妈妈不是提心吊胆地在那里显出可怕的样子，彤彤是可以爬上去的，这是一次孩子自己认识自己能力的机会，可是这个机会被妈妈善意地破坏了。从这个意义上来说，要锻炼孩子的勇气，首先对妈妈自身的勇气是一个考验。因为妈妈更多地是为了保护自己的感情不受万一可能发生的危险的伤害，害怕自己不能承受由此而来的打击，所以为求保险而加倍保护。但这样容易造成孩子缺乏勇气的弱点。我们需要克服这种自私，为孩子的将来着想，大胆鼓励他们去做力所能及的事情，做一个勇敢的孩子。

用鼓励代替指责

其实每个孩子天生都是积极的，勇敢的，他一睁开眼睛，就尝试到处看看，当他能控制自己的动作时，他喜欢到处爬，到处摸，什么都拿起来咬，大人做什么，他也模仿着做什么，当然，因为很多事情他是第一次做，所以很容易出错，如果每次尝试都换来妈妈的批评、指责，很容易挫伤孩子的自尊心，失去自信。

所以，如果你想让他保持勇敢自信、积极进取，你就应该记往：当孩子做出某种尝试时，只要不是危险的和损害别人利益的，就应该鼓励，并且提供机会让他大胆尝试。要让孩子明白，谁都有失败的时候。这样，孩子每次尝试做一件事情时，他得到的都是奖励而不是"电击"，他当然会很有自信，乐意一而再再而三地努力去做自己还不会做的事情了。长大了之后，他很自然就会成为一个勤快的、乐于尝试新事物的、积极向上的孩子了！

如果你的孩子不幸已经胆怯了，唯一的办法就是停止对他进行"电击"，也就是说要停止对他所做的事情挑毛病、指责或者是表示不满意，而是多给鼓励。哪怕只是有了一丁点儿进步，一定要及时给予肯定和适当的赞美，逐步帮助孩子树立勇气与自信。

艳艳今年5岁了，可见到陌生人，她还是会显得局促不安。为了改变她害羞的性格，妈妈常常鼓励她主动与别人打招呼、问好等。

一次，妈妈带艳艳上街购物时，在一个商场里，正好遇到了一位同事。妈妈便向同事介绍了自己的女儿，艳艳虽然有些紧张，但在妈妈的鼓励下,她还是壮了壮胆子,大方地说:"阿姨好!"妈妈的同事听后夸奖艳艳是个懂事的好孩子。同事走远后,妈妈表扬她:"你做得真棒!主动向别人问好并不难是不是?以后你也要这样做。"

就这样,在妈妈一次次的鼓励与赞扬下,艳艳慢慢地不再害怕见陌生人了。

让孩子多参加社交活动

有些妈妈工作忙,经常把孩子关在家里,很少和外界接触,孩子活泼天真的天性被窒息,就容易变得胆怯。对于这类孩子,妈妈要尽可能地为孩子提供与他人交往的机会,多带孩子外出并且鼓励孩子与同龄人一起玩,让孩子逐步克服害羞、胆怯的心理。

下面,我们来看看小影的妈妈是怎样做的:

小影平时很不爱说话,有时候,即使是见到自己的姑姑或舅舅,也很少会主动"叫人",更别说主动叫陌生人了。妈妈对此很是发愁。

这天正巧是星期天,妈妈便决定带小影去一个朋友家"练练胆量"。去之前,妈妈就做好了充分的准备。她先告诉小影要去一位阿姨的家里,她还会见到叔叔和阿姨的女儿,并且给她安排了三项具体"任务":积极回答阿姨的问题,向阿姨的女儿学习如何待客,问问阿姨的女儿叫什么名字以及她的玩具是在哪里买的。

可刚到同事家里的时候,小影还是不怎么说话,她只是一直微笑着。而同事的女儿则主动问好并且端来了几个苹果招待小影母女。不过,妈妈并没有埋怨小影,她知道自己不能操之过急。于是,妈妈便先鼓励小影说谢谢,小影用极小的声音说了声:"谢谢!"阿姨问小影多大了,小影看到妈妈鼓励的笑容,便鼓起勇气说:"4岁了。"阿姨夸奖了小影,并且让她的女儿带小影一起玩。

回家的路上,小影告诉妈妈:"阿姨的女儿叫姗姗,她的玩具是从离她家不远的一个超市买的。我还跟姗姗学会了如何待客呢。"妈妈夸奖小影今天的表现很不错，交给她的任务也都顺利完成了。

值得提醒的是，要改变孩子胆怯的性格，需要妈妈深入了解孩子，认识到孩子胆怯的真正原因，不要操之过急，强迫孩子一下子变得勇敢自信起来。可以学学小影妈妈的做法，让孩子多参加一些社交活动，同时教给孩子必要的社交技巧，循序渐进地帮助孩子树立起自信心。

通过一些故事来改变胆怯

爱听故事是孩子的天性，要改变孩子害羞、胆小的性格，妈妈还可以多给孩子讲一些故事，让那些不害羞、胆子大的主人公影响他。

辉辉已经是个4岁的小男孩了，但他十分胆小、怕羞。

一天，妈妈像往常一样给他讲睡前故事。正巧看到一个名字叫《怕羞的小黄莺》的故事，便想，正好借机教育教育小辉辉。

于是，妈妈先讲这个故事给他听："从前，有一只小黄莺很胆小怕羞，虽然它的歌儿唱得十分好听，但是它从来都不敢当着别人的面唱歌。后来，在许多好朋友的帮助下，小黄莺参加了森林里举办的音乐会，它的歌唱得好听极了，所有的小动物都为它热烈鼓掌。小黄莺很开心，从此它就变得不害羞了。"看到辉辉听得入了神，妈妈继续对他说："孩子，你要向小黄莺学习，克服自己害羞的毛病。"辉辉眨了眨眼睛，说："小黄莺好棒，我会做得比它还棒。"

之后，妈妈又找了好几个类似的故事讲给了小辉辉听，这让小辉辉坚定了克服害羞的信心。渐渐地，他胆子变大了，不再扭扭捏捏了。

另外，创造温暖和睦的家庭气氛，也有助于孩子勇敢自信性格的形成。父母之间或家庭其他成员之间要互敬互爱，父母有分歧切不可当着孩子的面吵闹，不要粗暴地对待和恐吓孩子，都可以防止孩子产生恐惧等不安心理。同时，你自己也要为孩子树立自强不息、积极进取、勇于开拓的榜样。

★ 育儿小贴士

颜色与孩子心理健康

对于孩子们来说，色彩有其固定的意义。一般说来：

黄色——酷爱黄色的孩子依赖性较强，宁愿一辈子扮演小孩子角色；

蓝色——爱好蓝色的孩子则具有老大或自私的倾向；

红色——红色意味着性格较为刚烈，调皮而感情丰富；

粉色——粉色除了象征着充满爱心以外，也意味着具有高度的审美观，优雅，温柔，体贴；

紫色——紫色是爽朗的代名词，个性上较为随和，没有什么心机，具有宽容的胸怀以及极强的好奇心和上进心；

橙色——喜欢橙色的孩子个性较为活泼外向，人缘很好，但有点自我中心，不懂得体谅别人，有点粗枝大叶。

值得注意的是，如果你的孩子酷爱紫、黑、墨蓝等颜色时，就要探究其心理背景了。

孩子的责任感从何而来

我们都知道，责任感是人格的重要组成部分，是一种高尚的道德情感，是人们对自己的言行带来的社会价值进行自我判断后产生的情感体验，标志着一个人在道德上所能达到的成熟程度。

可现实生活中，许多妈妈会忽略了孩子是需要学会负责任的。可能有些妈妈会觉得不以为然："这么小的孩子你让她承担什么责任？"其实，孩子的责任感就应该从小培养。因为如果孩子在受到极度溺爱的家庭环境中长大，从小受到过多的呵护，而不善于动手、动脑，那么，逐渐长大的他们不仅自我意识强，对周围的人和事也会表现出漠不关心的态度，缺乏基本的责任感。

而且，责任感的培养不是一朝一夕的事情，而是一个逐步发展的长期过程，因此，作为妈妈，必须要从孩子懂事起，就通过日常生活的小事逐渐养成孩子的责任感。

及时地让孩子意识到自己的错误和承担一定的责任

心理学上有一种"融合效应"，即当遭遇挫折后，不愿承担由挫折带来的巨大压力，而是把自己在挫折中应负的责任与他人的责任融合在一起，或者与同样受到挫折的人相提并论，以此减轻自己的心理压力。

兄弟俩在客厅里打闹，把客厅里的鱼缸打碎了，当妈妈赶过来时，哥哥急忙向大人解释："鱼缸是弟弟碰到地上的。"

哥哥刚说完，弟弟连忙补充道："这个鱼缸一点也不牢固，我碰了一下，哥哥也碰了一下，它就掉地上摔碎了。"

对于孩子来说，最初他们这种推卸责任的做法往往都是无意识的、习惯性的，他们也会内心不安，但是如果家长没有及时地让孩子意识到自己的错误和承担一定的责任，久而久之，孩子就会坦然地接受这一切，形成推卸责任的性格特征，心安理得地把自己的责任推给别人。

另外，某些妈妈的言行还会助长孩子的这一行为。我们以孩子摔跟头为例，在美国，孩子走路跌倒或不小心碰到身体的某个部位，一般妈妈都一笑置之，有的妈妈甚至还开开小玩笑。如果确实是碰疼了，妈妈也只是揉一揉，亲一亲：没关系，一会儿就不疼了。而中国的很多妈妈有一个很不好的习惯做法，那就是迁怒于其他物体。比如，是凳子绊倒了孩子，妈妈会说："我们打凳子，害我们宝宝跌疼。"于是妈妈做势打凳子，而孩子因为转移了注意力，也就不哭了。这一招转移了孩子的注意力，妈妈觉得这招很灵：瞧，孩子不哭了！可是这一招有个很不好的长期效应，那就是，孩子认为在任何时候都可以转移责任。这样做，给孩子一个信息：以后有什么事情，都可以找到"替罪羊"。长此以往，很难期待这样的孩子有极强的责任感，倒形成了推卸责任的习惯。这对孩子的成长、发展都非常不利，因为无论在学校里还是在社会中，都没有人愿意与一个喜欢推卸责任的人相处。

因此，妈妈们一定要让孩子有对自己的所作所为负责的经历。即使五六岁的孩子，犯了错，也要自己去主动道歉。比如在别人家玩耍的时候打碎了杯子，就得让孩子自己主动向主人承认错误并收拾干净现场。

把孩子看成平等的人

妈妈们常常抱怨孩子在家里缺少责任感，不考虑父母的需求。

其实，责任感和价值感是紧密相连的。一个人，只有看到自己的行为能对他人产生影响，能够得到别人的喜爱和尊重，他才能油然而生自豪的感受，并且从中增强自己的责任感。

3岁的媛媛在妈妈眼里和其他的同龄孩子没有什么区别。有一年，因为爸爸工作调动，他们全家搬到了一座新的城市。媛媛进了新的幼儿园，结交了新的伙伴。

两个月后，幼儿园要开家长会，邀请媛媛的妈妈去参加。妈妈对这座城市还没有完全适应，也从来没有去过那家幼儿园。在去参加家长会的路上，妈妈半开玩笑地对媛媛说，"媛媛，在你们幼儿园里，妈妈可是一个人都不认识，因此有些紧张，到时候你可得帮帮妈妈呀！""没问题！我认识那里的每一个人，包括那些每天接送小朋友的爸爸妈妈。"媛媛认真地回答。

媛媛陪妈妈来到会议室，非常严肃地把妈妈介绍给校长以及其他老师，并且认真地将小朋友一一指给妈妈看，告诉妈妈他们的名字以及哪位是他的爸爸或妈妈。接着，媛媛把妈妈带到一个沙发面前，并给她端来了一杯水，"妈妈，你先坐在这儿，我去趟厕所，一会儿就回来。"

你看，这就是3岁的媛媛表现出来的价值感和责任感。而这，正是因为媛媛的妈妈在无意之中，表现出了与媛媛的平等关系，这才大大激发了媛媛的价值感和责任感。妈妈告诉媛媛，自己有些紧张，意味着妈妈信任媛媛的品德，不会嘲笑他人的窘迫；妈妈希望媛媛帮忙，意味着妈妈相信媛媛的能力。

在亲子关系中，平等的前提是把孩子看做一个"独立"的人，在家里，妈妈要让孩子意识到自己也是家庭的一员，是这个团体的重要组成部分，他们也有责任帮助父母做一些家里的事，做一些团体的事，在力所能及的范围内对家庭和团体尽责。只有这样，在孩子长大以后才有可能为社会尽责。你可以给孩子分派适当的、力所能及的任务，如打扫卫生、取报纸、负责给花草浇水等，并及时对孩子所做的一切给予鼓励。

但要注意，这个鼓励不能是物质性的。因为如果给孩子一些零钱或其它东西作为奖励的话，物质便成了孩子做事情的动力。这样做不可能培养孩子的责任感。在孩子完成了自己应该做的事情，妈妈可以给予肯定，满意地点点头或说声，"谢谢"，或许微笑或亲昵的表示也是一种奖赏；完成得不好，妈妈也要心平气地说，"这一件事，你做错了，应该这样做……"而不是那种动不动就吹胡子瞪眼，动不动就三巴掌的粗野做法。总之，妈妈耐心的引导和严格的要求，是培养孩子责任感的最有效的做法。

另外，你也要经常和孩子谈谈自己的内心感受和社会体验。让孩子参与家庭事件，跟孩子谈论生活烦恼，听取孩子对家庭生活的意见，甚至让孩子当一段时间家庭的主人，这样孩子就会在心中生出对家庭的责任感，进而生出对社会的责任感，成为一个负责任的人。

没有独立性就不可能有责任感

一个没有独立性的人是不会有良好的责任感的。也就是说，妈妈事事都包办、样样都代替的做法，是培养不出有责任感的孩子来的。

例如，有位心理学工作者在一所中学调查学生的独立性状况，当问到在生活和学习中遇到难题应当怎么办时，150名被调查的学生几乎是异口同声地说遇到难题当然是找父母解决，没有一个学生回答自己先想办法解决，实在解决不了再找父母，当问到今后准备从事什么职业时，竟然有70%的同学回答说要等回家问过父母后才能确定。

所以说，作为妈妈，你要给孩子一定的自主选择的权利，这样，孩子在自主选择的过程中也就学会了承担责任。平时，可以多给孩子一些处理事情的机会：如洗自己的手绢、袜子；自己洗漱；自己收拾玩具，适当让孩子做一些家务活，这可以让孩子意识到他在家庭中的身份，使他在这个过程中形成自己对家庭的责任意识。随着孩子年龄的增长，独立生活、独立思考、独立做事的能力会逐渐增强，对独立的要求也越来越强烈，他的责任意识也会随着独立性的增强而增强。

在这个过程中，如果孩子不会干，妈妈要耐心指导，但不要代替。他不听指导，"独断专行"，妈妈也不要恼火，如果效果好则要好好地表扬一番，因为这是孩子创造性的成功。而大多是效果不佳，这时，妈妈应该以平等身份与他讨论，指出问题之所在。可能的话，让他再做一遍，但不要代替他重做。如果是孩子应该能够完成得好的事情，而他完成得不好时，让他看到因此而造成的尴尬局面和不良后果，引起他自责，是激发幼儿责任感的好方法。

另外，还应让孩子明白、光做好自己的事还很不够，因为他还是家庭的一员，是集体的一员，当然有责任协助做一些家里的事、集体的事，在力所能及的范围内对家庭、对集体尽责，只有这样将来才能更好地为社会尽责。

在社交活动中培养责任感

一个人的责任感往往是在与人的交往中形成和得到巩固的。

安排孩子适当从事一些力所能及的社会工作，比如帮邻居送信、照看邻居的小弟弟小妹妹、陪爷爷奶奶说说话，帮助孤寡老人、残疾人做点事，带孩子参加居民区的卫生、绿化劳动，鼓励孩子在幼儿园、学校做好值日工作等等。在社会活动的实际锻炼中，使孩子逐渐感受到自我存在的社会价值，不断增强他们的社会责任感。

妈妈千万不能以"怕孩子吃亏"的狭隘思想来束缚孩子，只要孩子有能力去做，能够承担责任，就不要阻拦。妈妈可以传授一些做事的方法、技巧，使孩子把事情做得更快、更好，让孩子承担责任的体验更丰富、更愉快。

另外，还是要说到一个榜样的问题。妈妈在家庭生活中所表现的责任感的强弱，是孩子最先获得的责任感体验。妈妈对孩子的影响不仅是深刻的，而且是终身的。所以，你要经常反省自己，随时随地对自己的言行负责。如果你经常对人夸海口，不去履行自己的诺言，时间长了，孩子也会悄悄模仿，想怎么说就怎么说，对自己说的话不承担责任。你一定要加强自身的修养，要做一个有责任感的人，这才有利于孩子将来成为有责任感的人。

也许你觉得这些都是小事。不过，"不积跬步，无以至千里，不积小流，无以成江河"，这是中国古代学者在学习上的经验之谈。运用这个道理，培养孩子的责任感，也是有很大帮助的，小孩子从小学会干小事，长大就会干大事；从小知道负小责，长大就能主动负大责；从小逐步树立"立体意识"，长大就确知自己是生活的主体。妈妈重视对孩子责任感的培养，就能让孩子逐步了解"人人为我，我为人人"的辩证统一关系。这样，孩子就能在人生道路上有所作为，并能愉快舒畅地生活！

★育儿小贴士

你孩子的责任感丢在哪里？

当孩子发现负责任等于痛苦以后，就不会愿意为自己的行为负责了。

美国儿童心理学家曾列举出父母常使孩子产生痛苦联系的话语，各位妈妈检讨一下自己吧：

使用难听的字眼——傻瓜！骗子！不中用的东西！

侮辱——你简直是个饭桶！垃圾！跟你那死爹一样！

为难——叫你不要做，你还要做，真是不可救药！

压制——不要强词夺理，我不会听你狡辩。

强迫——我说不行就不行！还敢顶嘴！

威胁——你再不学好，妈妈就不爱你了！滚出去！

央求——我求你看一会英语吧，儿子。

贿赂——只要你这次考 100 分，我就给你 1000 块零花钱。

挖苦——洗碗，你就打碗，真行，以后还要做大事，做梦去吧。

这些批评、伤害性的话语，会逐渐让孩子觉得自己无能，随之依赖性增强，责任心也随之萎缩了。

三、不要让你的孩子成为穷人——财商教育不可少

我们都知道智商、情商,这些很重要。其实,生活中,我们还必须具备一种新的能力——"财商"。

什么是财商?《富爸爸,穷爸爸》的作者罗伯特·清崎曾对财商下了这样一个定义。他说:"财商与你挣多少钱没关系,它是测算你能留住多少钱以及让这些钱为你工作多久的指标。"进而,他说道:"随着你年龄的增加,如果你的钱仍然不断给你买回更多的自由、幸福、健康和人生选择,那么就表示着你的财商在增加。"由此可见,培养孩子的财商十分重要。

遗憾的是,直到现在,中国的很多妈妈和孩子还都认为理财是大人的事情,孩子只需要伸手要钱就行了。

这种现状是令人担忧的。其实,最好的财务教育时机就应该在孩子们最渴望学习的少年时代。北京师范大学从事青少年心理研究的一位教授就认为,孩子金钱观的萌芽期是在6岁以前,形成期是在6~12岁,12~18岁是发展期。美国教育心理学家认为5~14岁的小孩就能对自己的人生和未来做出许多重要决定。14岁以后,家长和老师将让他们接受新的观念就常常面临"江山易改,本性难移"的局面。

因此,让孩子从小树立理财意识,懂得一些财务知识,学习一些理财技巧,对他们未来的成长绝对有益无害。如果你希望自己的孩子终生幸福而且不为金钱问题所扰,就应在他们幼年时开始培养他们的财商。

另外，还有些妈妈已经认识到教子理财的必要性，但是，对于如何系统地对孩子进行理财教育，把很多成人都不太清楚的经济知识，有趣地讲解给孩子听，提供孩子理财的机会，却是感到头疼。正所谓"知易行难"，那么如何培养、教导自己的孩子理财呢？妈妈们除了要教给孩子必要的财务知识外，更多的还是在生活中切实树立孩子正确的理财观、理财意识和良好的理财习惯，让孩子发现和掌握理财技巧，这比教科本上的知识作用更大。

财富观：节俭的观念永不过时

在新上市的股票可以一天涨好几倍的时代，高谈节约似乎有些奇怪。但当你重新审视真正的富豪，会发现历经千锤百炼的古老法则似乎仍是致富的金科玉律。例如，世界最大的零售业集团——沃尔玛的创始人塞姆·瓦尔通，在其自传《美国造》一书中这样警告他的后代：子孙当中要是有谁胆敢玩弄纨绔子弟的那类奢侈品，我到地狱里也要起诉他。足见他对奢靡厌恶之深。

不过，令人遗憾的是，当今许多中国妈妈不懂得这个道理，并使孩子也沾染上了挥霍浪费的恶习。

恒恒是小学三年级的学生，爸爸在外做生意，家里经济条件比较好，所以妈妈对恒恒的花用也十分大方，只要恒恒需要，不问原因，要多少给多少。这样，恒恒逐渐就养成了大手大脚花钱的毛病，学会了奢侈浪费，不但吃要最好的，穿要名牌，同时还养成了请人吃饭的习惯。

有一次，恒恒过生日，说要请班里的同学吃饭，开口就向妈妈要500元钱。此时，恒恒的妈妈才感觉到孩子太过于奢侈了，因为大人平常与朋友礼尚往来请客吃饭也不过这个数目，因此，妈妈拒绝了孩子的要求。

可是，恒恒已经习惯了大把地花钱，请同学们吃饭的话也说了出去，认为不那样做面子上过不去。就趁妈妈不注意，偷着打开妈妈的钱包拿走了500元钱。恒恒的妈妈知道后，为以前对恒恒花钱没有控制而后悔莫及。

相信生活中这样的例子不在少数。其实这种现象的深层原因就是妈妈对孩子娇生惯养，没有采取正确的教育方法引导孩子养成节俭的好品质。尤其是在人们的生活越来越好的今天，妈妈们更应当帮助孩子树立正确的消费观念，制止他们不合理的消费需求，"一粥一饭当思来之不易，一丝一缕恒念物力维艰"，千万不要让孩子成为大手大脚、享乐主义的一代人。

节俭习惯的养成，可不是一朝一夕的事情，这是一个日积月累、循序渐进的过程。在这个过程中，妈妈需要不断地给予孩子鼓励、引导和支持，还应该通过种种途径，让孩子体会劳动的辛劳，财富来之不易。

让孩子数钱

让孩子数钱，可以借机让他明白自己所拥有的是用辛勤的汗水换来的，才能让他更珍惜父母的劳动，珍惜现在。

下面这个妈妈的自述，或许会给其他妈妈们一些启发：

"我和丈夫都是农村人，在城里卖凉皮。我们始终把孩子带在身边，主要是不放心把他留在老家，我们要自己教育孩子，只要是对他学习有帮助的，我们都会尽力满足。

"可是我发现儿子慢慢开始花钱大手大脚了,不断地跟我要钱买这买那,仿佛家里是开银行的。我不想直接批评他,也不想告诉他家里很穷,怕引起他的自卑。我就想了个办法,每天晚上回家,不管多晚,我都要拿出辛苦积攒的一厚沓钱让孩子自己先一张一张数一遍。

"记得第一次将一大把毛票和硬币给孩子的时候,他惊喜的说:'好多钱啊!'可是当他来回数了三遍发现只有一百多元钱的时候,不仅沮丧地说:'怎么才这么一点钱啊?'

"我说:'你以为有多少钱啊?而且这些钱不能都算挣的,还要减去成本,减去管理费、卫生费……剩下的一半也不到。'

"他天真的说:'那你们还干呀?'

"我笑着说:'我们不干这个,你靠什么上学呀?'他不说话了。

"我说:'你平时花的钱其实都是这些毛票和硬币,只是通过银行换了一下钱。'

"他低声说:'你们每天忙到半夜做凉皮,白天再辛辛苦苦忙一天,连本带利才挣这些钱吗?'我点点头,儿子不再说话了。

"以后儿子数钱的时候越来越沉默了,直到有一天生意比较好,卖了近三百元他才笑了。儿子对我说:'你们以后可以少忙一会儿,我不要钱了。'我说:'该要的钱还得要,只要不乱花就行。'

"从那以后,孩子就像换了个人,不再让我操心,不仅加倍努力学习,对父母也更加体谅。他知道爸妈赚钱辛苦,当别的男孩子都玩网络游戏、听MP3时,他却从来没有上过网,不跟我们要钱买这买那,学习成绩也提高了。"

虽然现在家庭生活相对比较宽裕,但其实很多妈妈也自己是省吃俭用,才会让孩子"不愁吃穿"的。不过,你对孩子的大方,却往往会使孩子逐渐养成大手大脚,不懂珍惜的习惯。教育孩子需要智慧,如果你的孩子已经养成了这样的坏习惯,认为自己无计可施的妈妈，可对照上文中妈妈的成功做法细想一下。只要我们自己在生活中保持节俭，努力做孩子节俭的榜样，再加上我们的用心，那么让孩子从小养成懂节俭的好习惯应该不是天大的难事。

让孩子吃苦

很多妈妈觉得"再苦也不能苦孩子"。其实应该恰好相反，"吃得苦中苦，方为人上人"。因为一个人如果没有吃苦的精神，就不可能通过努力奋斗，获得成功。那种只想靠父母荫蔽，想仰赖别人鼻息的人，在未来的社会中是很难有立足之地的。因此，想要让孩子将来不吃苦，妈妈就要让孩子从小学会吃苦。

有这样一个真实的故事：

一位年轻的妈妈带着刚上小学的女儿去逛街。在一个繁华的路口，一位老爷爷正在卖《北京晚报》。妈妈从口袋里掏出5元钱交给女儿，让她去买10份晚报。孩子买回晚报，妈妈让她按原价把晚报卖出去，看要花多少时间才能卖完。

孩子在妈妈的帮助下，费了几个小时才把10份晚报卖出去。然后，妈妈又让孩子去问卖报的老爷爷，卖一份报纸能赚多少钱。孩子从老爷爷那里打听到，卖一份报纸只能赚几分钱。她算了一笔账：花这么长时间才赚了几毛钱。孩子忽然理解了妈妈的良苦用心，明白了挣钱的不易，于是主动对妈妈说："妈妈，我以后再不会随便花钱了，挣钱太不容易了！"

孩子有大手大脚花钱的坏习惯，就是因为他们不知道父母的辛苦和付出，不要把孩子养在温室里，让他们接触真实的生活，让他们体会一下爸爸妈妈的辛苦和努力，他们就会明白美好生活的来之不易，会更懂得节俭，懂得感恩。

另外，从孩子养成奢侈浪费习惯的原因来看，还有一个榜样的问题。现代社会，许多妈妈因为疼爱"独苗苗"而迁就孩子的乱花钱自不必说，妈妈自身也产生了不健康的消费心理——攀比、从众、喜新厌旧。不管时代怎样变化，但盲目花钱、随便浪费永远都是不好的，是不良品质的反映。因此，要想树立孩子的节俭观念，妈妈自己也要做好表率。

此外，妈妈还要经常给孩子讲勤俭持家的故事和道理。让孩子懂得一粒米、一滴水、一度电来之不易，都是人们辛勤劳动换来的。例如，历史上的陶侃（东晋时大官）由于受他母亲良好的教导，一生勤勉俭朴，连造木船剩下的碎块木屑都收藏好，备以后用，这一美谈流传至今。或许，教孩子学会利用废旧物品。比如妈妈可用易拉罐做个花篮，将旧凉鞋剪成拖鞋，作业纸写完后背面接下去写，等等。这样既可培养孩子的节约观念，又是一种手工劳动练习。

总之，经过我们的努力，让孩子拥有了节俭的美德，对孩子来说就会受益终生。孩子明白了父母的艰辛，才会真正懂得美好的生活来之不易。这样，既能让他更有孝心，又可以激发他的上进心，为了不让父母更辛苦，他会努力学习，回报父母。

★育儿小贴士

约翰·洛克菲勒教子——珍惜"辛苦钱"

钱如果赚得太容易就不会珍惜，所以在理财中，心中觉得这钱来之不易，是"辛苦钱"，就会备加珍惜。美国洛克菲勒财团的创始人约翰·洛克菲勒到16岁时，决心自己创业，便下功夫研究如何致富，但却难以理出头绪。他突然在报纸上看到一则宣称是发财秘诀的书，便急急忙忙去买了一本，打开一看，全书仅印有"把你所有的钱当作'辛苦钱'"这几个字，他顿开茅塞，感慨万千，并把这几个字当作祖训一样要求子孙后代牢记。

理财意识：只有先"会花钱"，才会赚钱

对于这一点，也许妈妈们不以为然："这个世上还有谁不会花钱的呢？"

其实，并不是每个人都"会花钱"。这里的"会花钱"是指花了100元钱，得到了150元甚至更高价值的商品；更有些深谙花钱学问的聪明人，花了1元却挣了10元。在不放弃生活的享受，不降低生活品质的前提下，"花最少的钱，获得更多的享受"，这正是"会花钱"者的过人之处。

这一点，正是财商的重要内容之一，而这一点，也正是少年儿童所欠缺的能力。孩子的通病之一就是乱花钱，不懂得计划，不知道节制。帮助他们处理好这个问题便是理财教育的重要内容之一。

一个会花钱的孩子已经懂得了管理和计划，他已经成为了自己"金库"的成功的运营家，这是一件很荣耀很了不起的事情。不过同时还要让他们知道，要学会花钱得具备很多条件，除了要靠自己节俭品质之外，这里面也有一些对相关知识的学习、方法的掌握、诀窍的贯通。具体来说：

首先，帮孩子分辨"需要"和"想要"的差别

早一点开始帮助孩子分辨"需要"和"想要"的差别。不论现在或以后，他们处理本身财务的大部分能力，都取决于对两者差异的了解而定。

对于孩子来说，他们往往搞不明白"需要"和"想要"有什么区别。他们会说："我需要一包饼干"或者"我需要看电视"。他们

被那种急迫的感觉攫取，并认为这种感觉是生理需要——除非你告诉他们二者的区别，大多数孩子一直会延续这种想法。把钱花在"想要"的事物上纵然既美妙又快乐、既有趣又重要，但是身为妈妈，你有责任教导孩子"需要"的才是应当优先满足的。

在这个过程中，关键的一步是妈妈自己要清楚二者的区别，然后利用每个机会把这个信息传递给孩子。

"需要的"包括基本生理上的需求(好比食品、水、空气)，还有适度的关心、爱抚、智力上和体力上的刺激，以及锻炼能力的机会。你孩子需要的东西应该享有最高优先权，应该尽快给予满足。孩子饿了，不给吃的，或者孩子害怕，不给安抚，这都不能为孩子建立正确的内在价值观，并且也无益于孩子的长期成长。

"想要的"是除了以上范畴之外孩子渴望得到的一切。可能是想要买的某件东西，或是想吃的某种食品，或是让父母在某件事上听自己的话。有些想要的根本不应给予满足，比如孩子没有必要收集电视广告上所有花里胡哨的玩具。而有些想要的东西是合理的，可以在提出要求的基础上给予满足。比如让你孩子"挣到"，至少是"等到"他们心仪的东西，这样你给他们一个体验延迟满足的机会，从而他们会更注重内在价值。

有一个简单的方法就是让孩子写个清单，把所有想要的东西都写下来。在特定的时候，你可以让他自己从清单里挑一样他想要的礼物。这样一来，孩子不但学着把愿望分出轻重缓急，而且认识到等待是接受礼物的一个必要步骤。当然，这并不是说妈妈不能出其不意地给孩子一份清单上的礼物。尤其是孩子取得了某种特殊成绩(成就)之后，送份礼物(比如带孩子去个与众不同的地方玩一趟)能让家长和孩子共同分享喜悦。另外，如果孩子想要的东西与某种责任相关，那通融一下也并不过分。比如他放学之后，或是在假期里打工，妈妈不妨让他用用你的车。

其次，帮孩子制定并执行一个财务预算

看看孩子到底"需要"什么，而不是"想要"什么，这对妈妈很有帮助。虽然你可能不能控制孩子想要什么，但是你可以找出二者之间的不同，以区别对待。

不管是对大人还是孩子来说，制定并执行一个简明扼要的财务预算都是非常必要的，这可以成为避免人们乱花钱的保险阀。制定一份财务预算表并不费时；相反，它倒能在生活中为你节省大量的时间。一份财务预算表也并不是要妨碍你去购买所想要的东西，而是把所要购买的东西分出轻重缓急，让你买时能做到有先有后，不至于盲目购物。一分预算表就是平日支出的书面记录，可对它进行分析，并在以后的日子中加以改进，以达到其最终目的——对所挣的每一分钱的节约或花费都深感满意。

利用制定花钱预算的方法来对孩子进行理财教育，可以在两个方面进行。一方面，妈妈首先可以主持并制定一个家庭开支预算，并鼓励孩子积极参加这份预算的制定。妈妈是孩子学习理财的最佳榜样。亲自参与的现实经验也会成为他的最好老师。通过这件事，还可以让孩子认识到妈妈不再是取之不竭的摇钱树，妈妈对开支的慎重态度符合影响到孩子的花钱方式，并加深他对家庭理财的重要性的认识。

另一方面，就是你可以帮助孩子制定出他自己的花钱预算。制定这种预算的目的就是要进一步让孩子懂得，花钱也有责任。在自己的收入范围内安保证自己始终有足够的钱，而避免那种因买太多想买的东西而无法付款的尴尬，方法就是作一个预算表，它是管好钱、有计划用钱的基础。只要按预算行事，就可以保证有足够的钱坦然应付自己的开支。

由于孩子年龄还小，可以每周制定一次预算。列表时，可以遵照下列5个步骤：

步骤1：列出每周从各种渠道获得的收入。仅仅计算正常可靠的收入，比如每周的零用钱和从固定的工作中挣来的钱。

步骤2：列出每周必需要花费的钱，比如公共汽车票、学校用的文具和午餐等。

步骤3：列出想要但还没动手的东西的清单，包括看电影，或者是买点心和录音带。

步骤4：现在列出想攒钱购买的东西。

步骤5：从收入中扣除必需花费的(见步骤2)，剩下的就是可以花或可以攒的钱了，这就是孩子的每周预算。

一旦孩子作出了预算，重要的是坚持。在笔记本上记录自己的花销和预算目标，可以把本子叫做金钱管理手册。把每一周花销加出一个总数。如果打算在一周内执行预算，就得付出许多努力，包括克制。

这里还有一个可以帮助孩子坚持执行预算的小办法。找四个空的玻璃瓶或塑料瓶，在上面分别贴上必需、其它花销、攒钱和捐赠字样的纸条，把它们放在孩子的衣柜里或桌子上，每周让孩子将他的钱分成4份分别装进瓶子里，在用钱时根据用途从相应的瓶子里取钱，这样就不会因混淆而超支了。

再次，也不要把孩子养成吝啬的"守财奴"性格

让孩子会花钱，可不是让孩子不花钱，妈妈也要鼓励孩子该用的地方要大大方方地用，千万别走另一个极端——让孩子养成吝啬的"守财奴"性格。

现实生活中，我们时常见到这样的现象：好多人富得流油却为富不仁，充分表现出文学著作中描写的钱越多越是一毛不拔的势力嘴脸。可我们也见到许多并不富裕的人却闻困苦而落泪、见贫寒而伤神，奔走于各种慈善场合和捐款场所的温暖场面。这其中也反映了一个人财商的高低。正如李嘉诚所言："如果我们只是一味追求金钱和权力，而置人类高尚情操于不顾的话，那么，一切进步及财富创造都将变得毫无意义。"

因此，在我们指导孩子花钱时，一定不要忘了培养孩子的爱心，让孩子了解爱心远比金钱重要的道理，也是财商教育的一项重要内容。

例如，妈妈可以带孩子参与一些捐助活动；在家庭组织集体活动时，让孩子作为一分子也得出点钱；再有，长辈过生日之类的家庭庆祝活动，也让他自己掏钱购买礼物馈赠等等。这样，爱心，便会成为孩子身上一笔巨大的财富。当手中的金钱成为帮助他人的工具时，他们所收获的不仅是心灵的纯洁与温暖，还有使其一生都乐观、豁达、自信的力量，这能帮助孩子获得成功，并品味出财富人生的真正意义。

★育儿小贴士

不可忽视的宝宝6大天才特征

研究发现，许多天才儿童可能在考试中表现并不优异，但关注他们在其他方面的表现，能发现他们特殊的才能。妈妈赶紧对号入座，看一下你家的宝宝有哪些天才特征吧！

1. 讲故事的孩子

如果你发现你的孩子总是能够把故事讲得生动有趣，或者他总是能够编写出一些出人意表的小故事，那么你家的孩子一定是个想象力丰富的宝宝。如果再加上妈妈的鼓励引导，长大以后说不定能够当一名律师或者演说家呢！

2. 喜欢发号施令的领袖

如果你的孩子在幼儿园是孩子王，在家里他也像个小大人一样对父母的行为做法大加评论。那么说明他具有强有力的领导和组织才能。妈妈应该让孩子有更多的机会去表现自己，长大了说不定就是一个领导级人物呢！

3. 年轻的大亨

不要小看孩子的精打细算哦！一些孩子对于金钱确实比较敏感呢，你会发现他们对于金钱的支配与利用有着很多的想法，像有这种金钱觉悟的孩子只要能够好好培养，长大以后肯定是一个富商大亨呢。

4. 刨根问底的孩子

爱因斯坦曾说："我没有什么特别的才能，不过喜欢寻根刨底的追究问题罢了。"如果家里有个"问题宝宝"，他总是对任何事情都充满好奇，经常不厌其烦地问许多问题。你千万不要觉得这是常识或者就因为家长不懂得回答就对孩子的提问敷衍了事。因为他没准就是下一个爱因斯坦！

5. 设计师

一些孩子具有创造的才能，他们脑子里总是充满着天马行空的新奇东西。给孩子一支画笔，或者给孩子搭建桥梁的积木玩具，给孩子独处一会的时间，他就能给你画出长出翅膀的小狮子，或者用积木搭建出一座埃菲尔铁塔的模型！鼓励孩子将自己的想法通过动手来表达出来，孩子在把想法通过亲手实践，孩子因为满满的成就感而变得更加的自信。

6. 演讲者

如果你发现你家孩子总是喋喋不休，是个十足的"小话唠"，表明孩子在说话方面很有天赋。那么，你不但要鼓励孩子多说，而且还要对孩子说话的内容给予引导。等他逐渐明白演讲的内容有一定的层次逻辑，孩子便逐渐能够成为一个出色的演说家。

理财习惯：让孩子学会储蓄

财商教育的一个重要方面是储蓄。生活中每一个人都离不开储蓄。任何人都不能挣钱马上就花，必须学会为未来打算，未雨绸缪，或为某一特定目的积攒一定的钱。

尤其是对于现在的孩子们来说，零花钱除了有爸爸妈妈给的，还有爷爷奶奶给的，也有外公外婆给的，拿到的钱多，花的也多。往往养成要什么就买什么的习惯，形成了对金钱与欲望的一种特有价值观。这个时候，妈妈就应该让孩子多了解储蓄的意义，这也是教育孩子从小理财的最佳时机和途径。

给孩子开一个银行账户

为孩子开专门的银行账户，不是为孩子的高消费提供方便，也不是图自己省事，甚至也不是为帮助孩子学习保护好自家的"钱袋"（即私有财产），而是为了一个更宏大的目标：让孩子从小就学会明智、科学，而不是机械、盲目地"理财"。因为"独立账户"不仅为孩子的合理消费提供了实习场所，而且也可帮助培养孩子合理储蓄的良好习惯，即所谓的"该消费时就消费、该节约时就节约"。

当然，在孩子很小的时候，给他们开立银行账户是完全没有意义的事情。不过，妈妈却可以先帮助他们树立储蓄意识。给孩子准备一个储蓄罐就是最好的办法。因为当孩子长到3岁的时候，他已经萌发了花钱的念头。这时妈妈就可鼓励他们把自己的零花钱储存起来。孩子会觉得"喂小猪"的形式很好玩，同时可以享受到积累带来的成就感和满足感，自然就养成了储蓄的好习惯。这个很具体的存钱过程，就是孩子开始有储蓄概念的开始。

当孩子长到6岁以后，已经可以懂得，银行并不是要拿走他们的钱，而是把他们的钱安全地保管起来，并且还会给他们支付利息。这时开启他们的理财观念培养是正当其时的。妈妈可以鼓励孩子把一部分自己积攒的钱拿到银行存起来。待孩子正式拥有了自己的独立账户后，孩子对于储蓄的学习也就系统、全面地展开了。

首先，我们先要让孩子喜欢存钱这种行为。储蓄实质就是延后满足。如果孩子了解把钱存起来，是为了以后买他们真正想要或需要的东西，他们就会喜欢存钱。举例来说，当一家人开诚布公地讨论他们要如何存钱买一辆新车，而且为了达成这个目标，他们要如何节省开销时，孩子或许无法马上了解其中的关联。但是几个月后当孩子们看到停在车道上的那辆簇新、闪亮的红色轿车，看见家人为此兴奋无比时，他们就可以察觉出来车和家人过去几个月尽量不去麦当劳之间的关联了。

这样，当孩子手里有了一些压岁钱或零花钱时，妈妈就可以带孩子到附近的储蓄所办张零存整取的储蓄单，鼓励孩子把一部分自己积攒的钱存起来了。

其次，对第一次拥有这么多金钱的孩子，妈妈必须及时地作出指导，并充分予以关注。

当然，你要做的只是给建议，支配权还是要交给孩子。多数妈妈即使让孩子拥有存款，却完全不给他们支配权，往往孩子要买什么，妈妈认为不必要，便极力阻止，徒然留下不好的沟通经验，倒不如给意见由孩子自行评估，毕竟孩子未来还是要自己决定如何支配金钱。即使你发现孩子胡乱购买不需要或不合算的物品时，一开始也许不必大动肝火而对孩子横加责备——权且把它当作孩子学本领时必须付出的"学费"吧！事实上，绝大多数孩子一开始出现的"消费膨胀"心理，在经过一定时间的自我反省和妈妈帮助后都会恢复到正常状态。

具体来说，妈妈可与孩子商议其独立帐户必须保留的金额的底线，然后一起制定短期的储蓄和消费目标：开始时可能仅是小目标，一般只须储蓄几个星期便能大功告成；此后可转向较大目标，须耐心储蓄几个月才能实现夙愿；最后上升至更大的须储蓄上一年半载的大目标。要是在这段时期孩子受到其他东西的诱惑而没能"挺住"，那么他就必须为自家的或合理或不太合理的花销负责。换句话说，责任人不是妈妈，而是孩子自己！而更重要的是，孩子从中可学到一种宝贵的责任心，领悟到一种辩证的得失观。

另外，还要做到存钱、取钱都让孩子自己做，这才能真正锻炼孩子的能力。而且，能掌握个人存款的小孩，会觉得自己至少能掌握生活中的一部分。没有这种感受的小孩，可能会因为对自己要存多少钱和为什么目的存钱没有发言权，而对整个存钱进行过程失去兴趣。

教会孩子正确投资

当孩子拥有了自己的个人账户之后，妈妈可以进一步教会孩子正确投资。

投资，即是指人用钱去参与那些被认为是能获取利润的事业或者购买那些被相信是可以增值的东西，如果所投资的事业果然获利丰厚，所购买的东西果然增值不少，投资人的财富就会得到很大增长。通过投资活动，孩子会发现，投资不像银行存款，在具有更大回报的可能之中却存在着相当大的风险。用自己的钱去进行投资，可能比将钱存在银行里增值更快，但也可能以同样快的速度贬值。这也是财商教育的一个重要方面。

虽然少年儿童还不具备进行大笔投资的条件和能力，但有些事情是可以做的，比如，收藏有价值的邮票、会增值的硬币等等。在你的指导和帮助下，孩子也可以去尝试购买政府债券、股票或共同基金等等。在国外，许多家庭都鼓励并早已开始让孩子这么做，这被认为是管理钱财的最重要的方式。

美国小女孩妮可只有9岁，上小学4年级，她已经从500美元的定期存单上挣了11美元（虽然不算多）。等存单到期后，就把钱投资购买股票——专门买那些即将分割的股票，这样她就能得到更多的股票了。"妮可正在走向成功的路上，我真希望自己能像她那样。"她的母亲瑞塔说。

虽然购买股票的孩子还是少数，但是他们已经成为精明的一族了。下面我们就具体介绍一下适合孩子投资的方式有哪些。

收藏。收藏品可以成为获得利润的途径，有些东西买进来再卖出去，可能就会有可观的收益。孩子现在可能已收藏了一些东西，如：邮票、漫画书、硬币、玩偶、唱片等。

股票。购买股票和炒股票之前，孩子们应该知道股票是什么。商业的增长需要金钱，为弄到钱，一些商业机构出售股份——即他们公司的每一单位资产的所有权。这些股份又叫做股票。一个拥有一份或更多股份的股票的人叫做股东。如果他拥有百分之百的股份，他就拥有了整个公司。大多数的大公司有上百个甚至上千个股东。股东为每一单位股份付出特定的价格，每股可以小到1元，也可以大到1000元。因为一个公司的股票价格忽上忽下，股民们希望在价格低的时候买进股票，再在高的时候把它卖出去，这样，股民就可以获得差价也就是利润。而如果股价下跌了，股民再卖的话就会亏本。如果一个公司彻底倒闭了，股东会失去他的所有投资，这正是风险所在。

债券。债券是筹集资金用于建设和发展的另一种方式。政府和公司的债券不是股份而是借给它们的贷款，它们发行债券并承诺到期连本带利归还。当你买大多数的债券时,应知道你买的是什么东西,当到期后你可以兑现它。商业机构不是唯一出售债券的组织。政府在进行建设或发展时,比如修路、造桥、办学校、建图书馆和医院,也会通过债券筹资。

当孩子进行了投资,或者仅仅是为了学到更多关于投资的知识,随时留意它们的价格变化是很有好处的。从报纸上可以了解到股票、债券的情况,另外,还有关于新的商业机会的文章,从中知道什么产业还在增长以及什么人正在获得成功,这些信息对孩子很有用。

当孩子第一次接触时,可能会被长长的栏目和密密麻麻的数字搞得头晕脑胀。但只要略加实践,就会找到他需要的信息。这样随时留意,持之以恒,便会学到许多有用的知识。

总之,只要妈妈给予孩子正确的理财观,引导他们采用合理的理财方式,加上秉持上述这些原则,不要以自己的立场去干涉孩子的理财细节,那么孩子便可以从中学习一辈子受用的金钱价值观,轻易由理财就能致富。

★ 育儿小贴士

教孩子一些存钱常识

1. 存款账户的种类

有不同的存款账户,其中之一是存折。存折是向客户显示存款数额的银行记录。当客户存款或提款,得将存款条或提款条交给银行出纳员,并向这位既收钱又付钱的出纳员出示你的存折。出纳员会记录下增加额或减少额并得出新的结余数来。存折随时会向客户显示他存的钱的确切数字。

随着银行日益电子化,很多银行已不再单纯依靠存折而开始使用报告单式存款账户。使用这种存款账户,平常可以在银行出纳员或自动取款机（ATMs）那里存款或提款，然后每月客户会收到银行寄来的记录。

2. 银行为什么要付给利息

如果核子把钱放在储蓄罐里，就不会挣到一个子儿，放进去一元取出来时还是一无。但当他开设了一个存款账户后，他的钱就会有利息并每天都在增值。利息是根据账户上结余额的一个相应百分比付给客户的钱。银行向所有的存款人借钱，然后把它们贷出去，银行贷款的时候会收借款人的利息、而这种利息要高于银行向存款人支付的利息。比方说，银行会向客户付存款额3％的利息而向借款的人收贷款总额7％的利息。

3. 方便的自动出纳机

使用自动取款机是从自己的银行账户上取钱的简易办法。一台自动取款机会在银行已关门后继续工作，通常自动取款机都是24小时不间断服务。自动取款机常安放在银行大厅里或其它方便的场所。

附　录

100条教子箴言——给想好好做妈妈的你

1. 一定要和孩子共同遵守既定"规矩"。
2. 孩子的缺点跟父母总是很相似。
3. 如果想让孩子未来不幸,那就他要什么,你就给什么吧。
4. 让孩子帮着做家务,他会变得更能干。
5. 只有站在孩子的角度思考问题,孩子才愿意跟你谈心。
6. 孩子并不能准确传递"危险"信号,发现异常唯有多多用心!
7. 永远不要和别人的孩子比,因为你的孩子能做到最好的自己,而不是最好的别人。
8. 给孩子摘星摘月,不如教孩子自己学会点灯。
9. 教子的话正向说。不要说你不能贫穷,应当说你要富有;不要说你不能落后,应当说你要领先;不要说你不想失败,应当说你要成功。

10. 对孩子的呵护，最重要的不是身体，而是心灵。

11. 幸福家庭是培育孩子成长的温床，家庭生活的乐趣是抵抗坏风气毒害的良剂。

12. 评价最重要的意图不是为了证明，而是为了改进。

13. 无论什么人，受激励而改过，是很容易的，受责骂而改过，是不太容易的；而小孩子尤其喜欢听好话，不喜欢听恶言。

14. 要解放孩子的头脑、双手、脚、空间、时间，使他们充分得到自由的生活，从自由的生活中得到真正的教育。

15. 我们每个人都有自己的偶像，父母也一样，所以父母千万不要嘲笑孩子的偶像。

16. 孩子不是缺乏约束，而是缺乏善意的引导。

17. 就像从苹果树上采摘果实也需要方法一样，打开孩子的心灵之窗也需要父母的灵性与耐心。

18. 理想的父母是永不对孩子失望，决不吝啬自己的表扬和鼓励，决不使用侮辱性的批评的父母。

19. 如果对自己的孩子多一些拥抱或抚摸，有时甚至是亲昵拍打几下，孩子在对外交往以及智力（情感）上都会更健康。

20. 孩子有好的感受，就会有好的行为。

21. 即使是普通的孩子，只要教育得法，也会成为不平凡的人。

22. 教育最主要的，也是第一位助手，就是幽默。

23. 父母必须让孩子知道，在成长的道路上，不可能是一帆风顺的。成功往往是与艰难困苦、坎坷挫折相伴而来的。

24. 让孩子向野花一样自然生长，要尊重儿童的天性和选择。

25. 游戏是儿童最正当的行为，游戏是儿童认识世界的途径。

26. 兴趣是最好的老师，当一个人某方面兴趣与的志向结合起来时，那么，离成功就已经不远了。

27．不管你多忙碌，也要抽空给孩子一点时间，为他朗读一些有趣的文章，因为这是除了搂抱之外你所能给孩子的最好的东西。

28．尊重孩子就是尊重自己。

29．要知道孩子眼中的世界是什么样子，得先蹲下来，由孩子的位置和高度去看世界。

30．孩子宛如一块洁白的海棉，滴进的是什么，它便迅速地吸收什么，一旦被污染，事后无论再费多大的力气去清洗，也不可能洁净如除。

31．让你的孩子学会感恩，远比让他获得一个博士学位更重要。

32．如果你希望你的孩子好好学习，请你不要他的耳边重复一句话"好好学习，好好学习"否则这句话就会成为逆效果。

33．切不可把孩子当成为你实现理想的阶梯，以牺牲孩子的自我为代价，否则你的下场只有空悲切。

34．留下你的经验，作孩子蹒跚学路时的"拐杖"；闭上你的嘴，让孩子学会自己说话和思考。

35．道德教育不是空乏的口号，不是生硬冰冷的概念，而是体现在日常生活中最具体的平常小事。

36．智慧的妈妈教孩子吃亏，愚蠢的妈妈让孩子占便宜。

37．孩子跌倒时，如果你扶他，下次他会跌的更惨。孩子跌到时，如果你鼓励他自己爬起来，下次再跌他就会勇敢地对自己说，人生本来坎坷就多，再多一次又如何。

38．如果你不希望你的孩子粗暴野蛮，那么请你先弄懂什么是文明和礼貌。

39．无能的妈妈打骂，优秀的妈妈示范，伟大的妈妈启发。

40．如果在你心中永远充满着阳光，那么在孩子的思想上就永远也长不出苔藓来。

41．切不可用贬低自己孩子的方式来对别人表示谦虚。

42. 宁愿晚熟，不宜让孩子过早定型。

43. 在家庭中，《狼来了》的故事不是只用来教育孩子。

44. 尽量避免当着孩子的面向他人解释或说明孩子存在什么毛病和问题，那只会起到强化问题的作用。

45. 倘若你希望孩子更快乐，那么你便需要更宽容。

46. 身体强健是男孩子自信的一个重要基础。

47. 相信孩子是太阳，太阳每天都是新的。

48. 小时候从不吃亏的孩子将来长大后一定会吃大亏。

49. 孩子在性情、品格上缺乏什么，其实经常是家长限制了什么，至少是没有给孩子发育这种性情和品格提供必要的环境和条件。

50. 为孩子树立一个好名声或者特殊的荣誉，他通常会竭力维护之。

51. 恰当的教育应当着眼于孩子的成长和发展而不是为了大人的方便。

52. 如果孩子的努力给他带来了快乐，他的行为本身已给了他奖励，因此不应再用其他的奖励方式转移他的这种快乐。

53. 当孩子知道父母也需要他的帮助的时候，他就会很快变得懂事了，所以穷人的孩子早当家。

54. 小的时候开始多尝试错误比大些的时候才去多尝试错误所付出的代价低得多。

55. 不要抱让孩子全面发展的幻想，这是不可能的。

56. 不要逼孩子去争第一，如果你希望孩子心理健康并且快乐的话。

57. 总是提前的许诺或利诱容易败坏孩子的品性。

58. 最不可爱的孩子最需要爱。

59. 你认为孩子听话，他或许经常在忍气吞声。

60. 在孩子获得荣誉、受到表彰、得到奖励的时候，不要忘记随时对他们敲响冷静谦逊、百尺竿头更进一步的警钟。

61．对孩子放任自流是家教的一种顽症，因为孩子有了绝对的自由，从小人生的堕落也就开始了。

62．绝大多数人是根据你自己对孩子的态度来决定如何对待你的孩子。

63．儿童渴望被肯定尤如饥饿之需要食品，而这世上差不多所有的事都有值得肯定的方面。

64．缺乏动之以情的家庭是贫乏的，失去晓之以理的家教是浅薄的，没有导之以行的家教是空虚的，毫无言行示范的家教是脆弱的。

65．你永远对孩子充满希望，孩子就会对未来充满希望。

66．被自己的孩子视为亲密的朋友，这是为人父母者最大的成功。不过为人父母者所能遭到的最大失败，却并非被自己的孩子视为对手和敌人，而是被视为上司或者奴仆。

67．聪明的妈妈，先教孩子做人，成功是必然结果。

68．如果你想让孩子爱你，你首先必须教会他去爱身边的每一个人。

69．教育好孩子，要注意三条：第一是榜样；第二是榜样；第三还是榜样。

70．孩子贫穷是做父母的错，因为他小的时候，父母没给他正确的理财观。

71．疼爱孩子却不加教育，就不算疼爱；教育孩子不引导上进，等于没有教育。

72．父母之间融洽和美好的气氛，是滋润孩子幼小心灵健康成长的雨露。

73．生活在礼仪之中孩子懂得博爱，成长在野蛮家庭儿女学会粗鲁。

74．一个管，一个护，孩子到老不上路。

75．父母早一天放手，孩子早一天自立，走不出家门的孩子永远长不大。

76．实施惩罚教育没有一定的规则，但有一个原则：不要伤害孩子的肉体和心灵。

77．我们选择了做父母，就意味着付出——时间、金钱和爱。

78．孩子犯错误是可以原谅的，因为怕犯错误而什么也不做，才是不可原谅的。

79．如果孩子最好的朋友是电视机，那太寂寞了。

80．爱，意味着肯在孩子身上花时间。

81．父母最重要的职责就是为孩子提供各种机会，包括承担失败的机会。

82．教育应该在厌倦之前结束。

83．以不同程度的爱和美，而不是以不同程度的忧和虑，来和孩子一起享受生活。

84．如果亲子之间心灵和爱的联系中断了，教育也就随之无法进行了。

85．读书是一种习惯，这种习惯在人的一生中越早养成越好。

86．学习是一个广义的概念，课内成绩只是一部分。

87．不管孩子提出什么要求，父母都不要因为自己不喜欢而断然加以拒绝。

88．培养孩子终身受益的习惯，这是父母能给予孩子最好的礼物。

89．大人觉得毫无疑义的事情，恰恰可能是对孩子一生都有影响的重大细节。

90．我们习惯于"抓住不放"的做法来责问孩子，这样做不好。

91．每一个孩子都会对不同事物产生不同兴趣，每一种兴趣都会对应孩子的某种潜能。

92．观察力＋思考力＝聪明。

93．教育孩子一个重要因素是家长的介入——不是干预责备，更不是批评，而是真诚的介入，提供帮助。

94．说了就忘掉，看了能记住，干了才明白。

95．孩子未来的成功与幸福决定于我们营造的环境，而不是所教授的技能。

96．不在孩子面前争吵，不要对孩子说祖父母或外祖父母的坏话。

97．欢迎孩子的小伙伴来家里玩。

98．怕孩子吃一阵子苦，孩子会吃一辈子苦。

99．原谅过失，用于朋友可以温暖友情，但用于子女，则会酿成苦酒。

100．哪一个孩子不是好孩子呢？正如格言所说"生活中不是缺少美而是缺少发现"。